国立国語研究所報告●123

言語行動における「配慮」の諸相

国立国語研究所 2006

くろしお出版

刊行にあたって

　国立国語研究所は，創立以来，国民の言語生活の実態を把握するための様々な調査研究を行ってきました。特に敬語については，その在り方が社会でしばしば議論の対象となることから，議論の確実な基礎を提供するために，地域社会，職場，学校において国民が敬語をどのように意識し用いているかに関する科学的な調査研究を重ね，成果を報告書として公刊してきました。

　こうした研究の蓄積を踏まえ，本書で報告する研究は，「言語行動における配慮」というテーマを取り上げています。私たちの言語生活において，相手や場面に対する心配りを反映し，その具体的な表れとなっているのは，狭い意味の「敬語」に限りません。近年，これらは「敬意表現」ととらえ直されるようになっていますが，本書ではそうした「表現」に至る前の意識や姿勢までも視野に含めて考えていくという意味で，「配慮」というテーマを分析の中心に据えています。

　本報告書のもう一つの特徴は，研究において行った面接調査およびアンケート調査の結果分析に基づく論文集の形をとっていることです。従来の国立国語研究所の社会言語学的調査の報告書では，すべての調査項目について統一的な方法で結果を示し，分析を述べるという形が言わば定型でした。本書は，論文集という形を選んで，研究担当者による独自の着眼と分析手法を提示し，調査データを多様な切り口から活用する可能性に光を当てることを目指しています。

　調査にあたっては，回答者の皆様，実施に様々な形で御助力くださった関係者の方々に大変お世話になりました。ここに記して感謝申し上げます。

　本報告書の編集は，国立国語研究所研究開発部門の尾崎喜光と熊谷智子が担当しました。

　本報告書が，関連する分野の研究・教育・国語施策等に広く活用されることを願っています。

平成 18 年 3 月
独立行政法人 国立国語研究所長
杉戸　清樹

目　次

第1章　「敬意表現」から「言語行動における配慮」へ
　　　　　　　　　　　　　　　　　杉戸清樹・尾崎喜光 1

第2章　調査の概要
　　　　　　　　　尾崎喜光・杉戸清樹・熊谷智子・塚田実知代 11

第3章　依頼場面での働きかけ方における世代差・地域差
　　　　　　　　　　　　　　　　　熊谷智子・篠崎晃一 19

第4章　依頼・勧めに対する受諾における配慮の表現
　　　　　　　　　　　　　　　　　　　　　尾崎喜光 55

第5章　依頼・勧めに対する断りにおける配慮の表現
　　　　　　　　　　　　　　　　　　　　　尾崎喜光 89

第6章　ぼかし表現の二面性 ―近づかない配慮と近づく配慮―
　　　　　　　　　　　　　　　　　　　　　陣内正敬 115

第7章　敬語についての規範意識
　　　　　　　　　　　　　　　　　　　　　吉岡泰夫 133

参考文献 164
資料1　面接調査票 167
資料2　アンケート調査票 174
索引 184
後記 189
執筆者一覧 190

第1章 「敬意表現」から「言語行動における配慮」へ

杉戸清樹

尾崎喜光

1. はじめに

　本書は，国立国語研究所が行った面接調査およびアンケート調査に基づく論文集である。異なる地域や年代の人々による回答をもとに，言語行動を行う際の言語形式や相手への働きかけ方の選択，および選択にかかわる意識を分析することによって，言語行動における配慮のありようを様々な角度から考察することが本書の目的である。

2. 国立国語研究所の敬語研究

　国立国語研究所では，1948年の設立まもない時期から，敬語を重要な研究課題の一つと位置づけ，その使用実態と意識に関する大規模な調査を展開してきた。地域社会での敬語については，愛知県岡崎市，島根県松江市，秋田県・富山県の小集落などにおいて調査を行い，結果を報告している（国立国語研究所 1957, 1971, 1983, 1986）。職場での敬語については，ある企業内での社員間の敬語に関する調査研究を行った（国立国語研究所 1982）。最近では，職場で活動する前の世代である中学生・高校生を対象に，学校の中で生徒たちが敬語をどのように使い，意識しているかを調査・分析した（国立国語研究所 2002, 2003）。

　従来の敬語研究では，尊敬語，謙譲語，丁寧語といったいわゆる敬語の形式，あるいはそれらの使い分けや使用意識が研究の中心であった。上記の調査やその分析においても，その方向性は顕著であり，主として単語レベルでの敬語形式の使い分けや出現傾向に注目した分析結果を報告している。

　しかし，その中にあって，上述の岡崎市での調査では様々な対人行動場面を設定し，一連の自由発話の形で回答を得るという方法も併用された。その結果，得られた回答データは，敬語形式選択の問題にとどまらず，それぞれの言語行動場面で相手にどのような働きかけをしているか，それらの働きかけをどのように組み合わせて全体の発話を構成しているかを見る上でも有効なものとなっ

ていた(熊谷1995, 2000)。

　本書で報告する研究も，こうした調査手法や言語行動分析の姿勢を取り入れたものである。データ分析においては，単語選択のレベルのみならず，そもそも何を言うかといった相手への働きかけ方までを視野に入れた言語表現の使い方，そしてその背後にある相手や場面への配慮や言語意識の在り方について知見を得ることを目指している。

3. 「言語行動における配慮」の研究

　本書で報告する研究は，当初，狭い意味の敬語研究を拡張した「敬意表現」研究として立案された。そして，言葉を用いる上での意識，とりわけ，会話場面を構成する人的要素(相手や話題の人物)や場面的要素(私的か公的か)に対する意識，それも「距離を置く」「上位者として扱う」「改まる」といった，従来の敬語研究で意識されてきた方向での待遇意識や対人行動上の指向性を念頭に置く形で調査研究を進めた。

　しかしながら，各種の調査で得たデータを分析する過程で，会話場面を構成する人的要素や場面的要素に対する「配慮」が，従来の敬語研究・待遇表現研究で扱われてきた上記のような「敬う・へりくだる・改まる」などのほかにも，様々な種類や内容で広がっていることに改めて気づかされることになった。例えば，くだけた表現を使うことで相手との距離を縮め，なごやかな雰囲気を作るという，従来の敬語使用の感覚とは逆の指向性を持った対人配慮も，若年層を中心に増えてきている。また，従来の敬語研究の対象であった下位者から上位者に対する配慮だけでなく，上位者から下位者への配慮(たとえば「依頼」をする際にそれが相手にとって「強制的な命令」とならないよう言い方に気を配るといったこと)もあるはずである。情報の授受や意思の疎通において，不確かさや誤解がおきないように伝え方を工夫するということも，ここで言う「配慮」に含まれよう。担当者の間で，機会をとらえて，そうしたことがらについて議論したことはもちろんである。

　こうしたことを考えていく中で，得られた調査データをより有意義に分析するためには，「敬意」という語の日常的な語感から想起される限られた範囲での待遇的配慮を超えた，より広汎な視点がぜひとも必要だと考えるに至った。そこで，コミュニケーションにおける言語使用を背後で支える各種の意識や心配りを表す語として，「配慮」というキーワードを新たに立てることにした。

以下では，担当者間での議論をふまえ，本研究の代表者である杉戸が現段階で考えている「言語行動における配慮の見取り図」に関する試案を述べる。もとより，この問題はすぐに結論が出せるものではなく，現段階ではまだ，我々の間で「言語行動における配慮」の多様性や広がり，そしてそれをとらえる観点などについて十分な共通見解が得られているわけではないが，以下の見取り図を出発点として，今後さらに検討を加えたいと考えている。

4. 言語行動についての配慮－その広がりをとらえる観点

　まず，言語行動に関して我々が日頃どのような配慮（気配り）をしていると考えられるのか，特に言語行動に関する配慮はどのような観点や枠組みでとらえるのが適切かという問題について述べる。

4.1. 配慮をとらえる枠組み

　日常の言語生活で話したり書いたりする際に，我々はどんなことがらを，どのように配慮しているのかについて，少なくとも次の三つの側面・要素からとらえることが必要だと考える（杉戸2001a，2001b，2004。特に本節の内容は杉戸2005と重なる部分が多い）。

(1) ＜留意事項＞：具体的な言語行動を準備したり構えたりする際には，その言語行動の構成要素の諸側面にわたって，行動主体が気を配る＜留意事項＞が存在する。
(2) ＜価値・目標＞：＜留意事項＞には，言語社会や言語場面などに応じて，行動主体が実現しようとする様々な＜価値・目標＞がつきまとって存在する。
(3) ＜判断基準＞：行動主体が，＜留意事項＞とこれにつきまとう＜価値・目標＞に関して配慮する上では，言語社会や言語場面に応じた判断・評価・選択などの＜判断基準＞が働く。

　それぞれを簡潔に言い換えれば，次のようになる。
　＜留意事項＞は，話したり書いたりする言語行動を構成するものごとのうち，＜何を気にするか＞という側面である。
　＜価値・目標＞は，そのつどの言語行動を＜どのようなものに仕上げようとするか＞に関して行動主体が意識していることがらの側面である。

＜判断基準＞は，何を気にするか（留意事項）やどのようなものに仕上げるか（価値・目標）を選ぶ際に行動主体が気にする＜よりどころ＞の側面である。

　これら三つの側面・要素を組み合わせる過程が「言語行動に関する配慮」だと考える。つまり，話したり書いたりする際に，(1)我々は言語行動を構成するものごとのあれこれについて，(2)何らかの価値や目標を実現できるような形に仕上げることに，(3)そのつど何らかの判断基準に基づいて，配慮すると考えるのである。

　以下で，この三つの側面・要素がどのように配慮にかかわると考えるかを順に述べていく。

4.2. ＜留意事項＞：何を気にするか？

　まず，一つめの＜留意事項＞については，次のように考える。

　　言語行動を行う際に行動主体は，言語行動の構成要素の一つないし複数を＜留意事項＞としてとりたてて意識することがある。構成要素にはそれぞれ選択肢が備わっており，行動主体は，とりたてて意識した構成要素の選択肢から適切と考えるものを選択している。

　この考え方は，言語行動一般について，言語行動が様々な構成要素からなるものであること，構成要素にはそれぞれ選択肢があること，その選択によって言語行動が構成されることを想定した，言語行動の選択生成モデルと呼ぶべき考え方（時枝1945，南1974，Hymes1972など）を前提として意識している。

　また，ここで言う言語行動の構成要素は，次のような言語表現類型（メタ言語行動表現。杉戸(1983)以降の研究で指摘や記述を重ねた「前置き」とか「言い訳」と呼ぶべき一群の表現類型）を手がかりにして抽出したり観察したりすることができるものごとを想定している。

(1)「こんなこと申し上げるべきかどうか，分かりませんが……。」内容・話題
(2)「夜分遅くお電話を差し上げて申し訳ありません。」　　時機・タイミング
(3)「お上がりもしていただかず，玄関先で失礼しました。」　場所柄・状況
(4)「本来なら部長が参上すべきところ，代理で失礼します。」　　行動主体
(5)「あなたに申し上げるのは釈迦に説法というものですが……。」　行動相手

(6)「はっきり言わせてもらって悪いけど,率直に言えばね……。」言葉の調子
(7)「『サン』付けでは失礼ですので,『先生』とお呼びします。」　言語形式
(8)「お電話でと思ったのですが,電子メールで失礼します。」　媒体・道具
(9)「お言葉を返すようで恐縮ですが……。」　　　　　　　談話の組み立て
(10)「これは単なるお尋ねで,お願いではありません。」　　言語行動の機能

　これらのメタ言語行動表現の例からは,それぞれの右に示した言語行動の構成要素についての話し手の配慮の内容が汲み取れる。配慮のうち,＜何を気にするか＞(留意事項)を考える有力な手がかりになると思われる。

4.3. ＜価値・目標＞：どのような言語行動に仕上げようとするか？

　二つめの＜価値・目標＞については,次のように考える。

　　言語行動の構成要素には,言語社会や言語場面などに応じて,様々な
　　＜価値・目標＞がつきまとって存在する。言語行動主体は,言語行動
　　ごと,またその言語行動の構成要素(留意事項)ごとに,そこで実現し
　　たいと考える＜価値・目標＞を意識し選択している。

　言い換えれば,自分の言語行動をどのようなものにしたいか,どのような表現効果を持たせたいか,という点への配慮である。杉戸(2005)では,以下のような種類を考えた。

①言語行動の内容的側面(話題・素材そのもの)
　正確性・論理性
　　「アベコベにしないように気をつけて申しますが,太郎が花子に与えたのでなく,花子が太郎に与えました。」
　限定性・包括性
　　「この点にばかりこだわって細かく言うようではありますが……。」
　　「かいつまんで申し上げますと,……。」
　　「全体をまとめて一言で申し上げますと,……。」
②言語行動の過程的側面(表現・伝達の仕方),
　直接性・明示性
　　「はっきり言って,あの話は非常に有望ですね。」
　　「率直に言わせていただけば,今回のご提案は……。」

婉曲性・曖昧性
　　　「遠まわしに言ったほうがいいと思って，あんな言い方をしたのですが，やはりまずかったでしょうか。」
③言語行動の対人的側面
　　へりくだり性
　　　「まことに僭越ですが，発表させていただきます。」
　　うやまい性
　　　「直接先生からお聞かせ下さるとは本当に光栄です。」
　　あらたまり性
　　　「お喜びの言葉を重ねて謹んで申し上げます。」
　　近づき性
　　　「まあ，君だから気楽に言っちゃうけどね……。」
④言語行動にまつわる規範的側面
　　規範性
　　　「本来ならば直接参上してご説明すべきところ……。」
　　略式性
　　　「電話かファックスで十分ですよ，ご返事は。」

　それぞれの分類項目名に「～性」としているが，言語主体はそのつどの言語行動にそのような「性格」を実現したいという配慮をすると考える。それぞれに掲げたメタ言語行動表現の例は，そこで意識された＜価値・目標＞の種類を明示的に示していると解釈できる。

4.4.　＜判断基準＞について：何をよりどころにして配慮するか？

　上述のように，言語行動主体は，そのつどの＜留意事項＞とこれにつきまとう＜価値・目標＞について，言語社会や言語場面に応じて主体的な判断・評価・選択などの配慮を行うと考える。判断・評価・選択というからには，そのための＜判断基準＞が不可欠である。

　そこで，三つめの＜判断基準＞となるものごととして，筆者は，言語行動について行動主体の持つ様々な意識(言語行動意識：attitude（姿勢や態度))を考える。一般に，具体的な言語場面に直面する行動主体は，以下に示すような種類の言語行動意識をもって言語行動を実現していると考えられる(杉戸1992)。

配慮についても，＜留意事項＞と＜価値・目標＞に対する判断・評価・選択は，そうした言語行動意識が基準(よりどころ)になると考える。

①言語行動主体の現状認識
　「こんな言語行動を，皆はふつうしている(していない)だろう。」
②社会規範についての認識
　「皆は，こんな言語行動をすべきだ(すべきではない)と考えている。」
③言語行動主体の志向性
　「自分自身は，こういう言語行動がしたい(したくない)。」
④言語行動主体の信念
　「自分自身は，こういう言語行動をすべきだ(すべきでない)と思う。」
⑤言語行動主体の評価・感覚(美醜・好悪)
　「こんな言語行動は，スマート(丁寧・かっこいい・上品)だ。／違う。」
⑥相手や周囲の人物の，言語行動に対する希望や志向(についての主体の意識)
　「相手や周囲の人は，きっとこういう言語行動をして欲しい。／違う。」

　前に掲げたメタ言語行動表現の例をあらためて見直すと，それぞれの＜留意事項＞や＜価値・目標＞の選択について，上のような言語行動意識が＜判断基準＞として働いていると考えることが必要だと考える。

　上記の言語行動意識は，たがいに異なる性格のものである。言語行動場面で行動主体は一度にすべての意識を＜判断基準＞として発動するわけではないだろう。しかし，単一の言語行動意識だけが基準となるのではなく，たがいに矛盾したり対立したりしない場合には複数の言語行動意識が重なって基準として働く場合は少なくないと思われる。例えば，「ふつう皆もしているし，ちょっとカッコイイ言い方だし，相手も悪い気がしないだろうから」「社会通念としては本来この言い方がいいのだろうけれど，自分としては選びたくない」などのような配慮の姿である。

4.5. 図式化

　言語行動についての配慮は，以上のような少なくとも三つの側面・要素のかかわり合いとしてとらえられる。これを仮に次のように図式化することができるだろう。

留意事項 × 価値・目標 × 判断基準(言語行動意識)
　　　　　　　　　　　　　→ 言語行動における配慮

　この図式は，三つの項目が「掛け算」に類推できるような関係で結び付いていることを示している。三つの項目は，上に述べたようにそれぞれ複数の項目や選択肢を持っていることにも重ねて留意したい。

5. 言語行動における配慮の「見取り図」

　前節で述べたような枠組みで言語行動についての配慮の広がりをとらえる立場に立つと，＜留意事項＞＜価値・目標＞＜判断基準＞のそれぞれについて前節で挙げることのできた例は限られたものだが，その限りでも，従来「敬語」「待遇表現」「敬意表現」などそれぞれに(学説等により様々に)定義付けられてきた言語事象において行われる配慮は「言語行動における配慮」に包含されるものだと記述することができる。

敬語
　＜留意事項＞言語形式(尊敬語・謙譲語・丁寧語などの敬語形式)
　＜価値・目標＞言語行動の対人的・場面的側面について，「うやまい性」「へりくだり性」「あらたまり性」など
　＜判断基準＞前節で挙げた6種類の言語行動意識のいずれか(複数の場合も含めて)が働く

待遇表現
　＜留意事項＞言語形式(敬語形式のほかに，卑罵表現，親愛表現，ぞんざいな表現等)
　＜価値・目標＞言語行動の対人的・場面的側面について，「近づき性」「くだけ性」「見下げ性」「ぞんざい・乱暴性」など
　＜判断基準＞(敬語の場合と同様)

敬意表現
　＜留意事項＞言語形式(敬語や敬語以外の様々な表現)[1]
　＜価値・目標＞言語行動の対人的・場面的側面について，相互尊重の精神，相手の人格や立場の尊重など
　＜判断基準＞(敬語の場合と同様)

このことを概略的な模式図で示せば図 1-1 のようになろう。この模式図は，それぞれの包含関係を示すためのものであり，それぞれの四角の面積に意味はない。また，「敬意表現における配慮」と「言語表現における配慮」とを同じ四角に位置づけているが，「敬意表現」の定義によっては「敬意表現における配慮」が「言語表現における配慮」に含まれる可能性がある。「敬意表現」が「敬語や敬語以外の様々な表現」と定義されたように言語表現の世界のものであるから，「言語表現における配慮」より広い範囲にわたるものではないことは確かであろう。

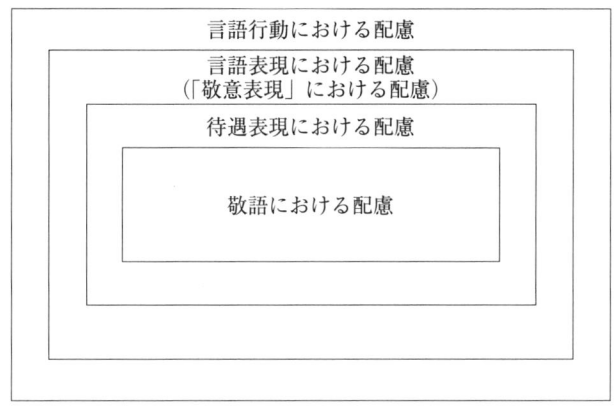

図 1-1　言語行動における配慮

　以上，本節では，＜留意事項＞＜価値・目標＞＜判断基準＞という三つの側面・要素を観点として，言語行動についての配慮の構造をとらえる考え方を提示した。また，それに基づいて，従来「敬語」「待遇表現」「敬意表現」などの用語で議論された言語事象における配慮が，ここで言う「言語行動における配慮」に包含されるという見取り図も示した。
　ここで仮説的に提示した三つの要素が，実際の具体的な言語行動場面におい

---

[1] 「敬意表現」は，第 22 期国語審議会答申「現代社会における敬意表現」(2000 年 12 月)で提唱された概念。「敬意表現とは，コミュニケーションにおいて，相互尊重の精神に基づき，相手や場面に配慮して使い分けている言葉遣いを意味する。それらは話し手が相手の人格や立場を尊重し，敬語や敬語以外の様々な表現から適切なものを自己表現として選択するものである。」と定義・説明された。

てはどのように実現しているものか。それぞれの要素に備わっていると考えた選択肢は具体的にはどのようなものごとがどのような構造で並んでいるのか。例えばそのような検討を，具体的な言語行動場面についての実態調査や当事者の意識調査などの手法によって深めることが今後の課題だと考える。

6. 本書の構成

本書では，調査のすべての設問を網羅的に取り上げて統一的な方法で回答を分析するというやり方はとっていない。各々の執筆者が，言語行動における配慮のありようを考える上で興味深いと考える部分をデータの中から選び，独自の観点から分析を行った[2]。

第2章では，分析資料を収集した面接調査とアンケート調査について，実施の概要と反省的考察を述べる。

第3～7章は，面接調査とアンケート調査の結果を分析した論文から成る。第3章「依頼場面での働きかけ方における世代差・地域差(熊谷智子・篠崎晃一)」では，「働きかけ方」「機能的要素」という，言語形式そのものでなく，言語表現の持つ機能やそれを担う言語単位を抽出し，それらの出現量や連鎖の形などに注目し，そこに対人的・場面的な配慮の現れを探っている。第4章「依頼・勧めに対する受諾における配慮の表現(尾崎喜光)」，第5章「依頼・勧めに対する断りにおける配慮の表現(尾崎喜光)」では，各々「受諾」と「断り」が分析されているが，そこでも第3章と似た視点から，狭義の言語形式だけでなく，表現類型や言語機能単位というべきものが扱われている。

一方，＜価値・目標＞の側面に特に注目したのが第6章「ぼかし表現の二面性 —近づかない配慮と近づく配慮—(陣内正敬)」である。そこでは「ぼかし」と呼ぶ表現の持つ「近づき性」を焦点とした分析を行っている。

第7章「敬語についての規範意識(吉岡泰夫)」は，＜留意事項＞としては敬語や待遇表現に属する言語形式を重点的に扱っているが，本章でいう＜判断基準＞の側面としては「規範意識」を正面に据えた分析を展開した。

それぞれの詳細については各章の記述にゆずるが，本書の各章は，言語行動における配慮の「見取り図」の中で，以上のような広がりを示していると考える。

---

[2] 本書で扱わなかった調査項目も含め，調査データやその集計結果については，別途，国立国語研究所のホームページ等で公開することを検討している。

第2章　調査の概要

尾崎喜光　杉戸清樹
熊谷智子　塚田実知代

1. 調査の目的

本書で分析している調査データは，国立国語研究所における以下の研究[1]において作成したものである。

○「日本語社会における敬意表現の総合的研究」(1992〜1996年度)
○「言語使用に起因する国際言語摩擦に関する実証的研究」(1994〜1998年度)[2]

研究では，面接とアンケートによる意識調査を行った。

面接調査の目的は，特定の言語行動場面における発話内容や発話形式について調べることにあった。その際，年齢層や地域など話者の属性による違いの有無も見るため，異なる年齢層の男女の回答者を国内の4地域(仙台市・東京都・京都市・熊本市)から得た。アンケート調査では，面接調査を行った4地域における高校生を対象に，対人行動や敬語の習得・使用に関する意識を調べた[3]。

以下，本章では，予備調査と本調査の実施，およびデータ作成の方法について概要を報告するとともに，調査後の反省点も含めた若干の考察を述べる。

---

[1] これらの調査研究にかかわったのは，以下の国立国語研究所員および所外研究協力者である(所属は2005年現在のもの)。
　　尾崎喜光，杉戸清樹，塚田実知代，吉岡泰夫(以上，国立国語研究所)
　　小林隆(東北大学)，佐藤和之(弘前大学)，篠崎晃一(東京都立大学)，
　　陣内正敬(関西学院大学)，宮崎弘明(元梅花女子大学：2001年2月逝去)
　　その後，分析の段階で熊谷智子(国立国語研究所)が加わった。

[2] 文部省科学研究費(創成的基礎研究費)「国際社会における日本語についての総合的研究」(研究代表者：水谷修)の第2班の研究課題「言語事象を中心とする我が国をとりまく文化摩擦の研究」のうち，国立国語研究所チームの担当した研究である。

[3] 高校生に加え，教員に対しても，高校生とは異なる質問内容でアンケート調査を行ったが，回収数が全体でも多くなく，また性別による偏りもかなり見られたため，今回の分析対象には含めていない。

2. 予備調査

　1992〜1993年度に，京都市と熊本市の高年層数名を対象に自由な座談会方式による予備的な聞き取り調査を行い，敬語体系が発達していると考えられる2地域において対人行動に関する意識を聞き，調査項目立案の参考とした。そして，特定の言語場面における発話や表現などについて，国立国語研究所がかつて岡崎市で実施した敬語調査(国立国語研究所1957，1983)の項目に場面的なバリエーションを加えた面接調査票の案を作成し，京都市で高年層数名を対象に試行調査を行った。

　1994〜1995年度には，弘前市・仙台市・京都市・熊本市の高年層，および京都市・熊本市の高校生に対して試行的な面接調査を実施し，調査票を確定した。なお，アンケート調査については予備調査は特に実施しなかった。

3. 本調査
3.1. 調査の実施

　面接調査の本調査は，1996〜1998年度にかけて実施した。対象とした回答者の年齢層は，高年層・壮年層・若年層(高校生)の3層であった。高年層は主として60〜80代，壮年層は主として30〜50代，若年層は高校生である。調査地域は，仙台市・東京都・京都市・熊本市であった[4]。調査の実施時期は**表2-1**に示すとおりである。

表2-1　面接本調査の実施状況

年度＼地域	仙台市	東京都	京都市	熊本市
1996年度	高　壮　若		高　　若	高　壮　若
1997年度	壮[補]		高[補]　壮	高　壮[補]
1998年度		高　壮　若	壮[補]	

※　高＝高年層，壮＝壮年層，若＝若年層，[補]＝補充調査

　また，若年層である高校生に対しては，質問紙によるアンケート調査を1998年度に別途実施した。

---

[4] 準備段階を含めると，弘前市・岡崎市でも調査を行ったが，いずれも対象者が高年層のみにとどまったこと，また弘前市では予備調査のみであったため，今回の分析対象には含めていない。

3.2. 回答者

面接調査の回答者を得るにあたっては，東京都の高年層と壮年層は，国立国語研究所員の人的なネットワークを活用した。その他の地域では，高年層は各地域の老人クラブ連合会，壮年層は主として各地域の青年会議所の紹介を通じて得た。若年層（高校生）の回答者は，各地域の高等学校1校ないし2校から得た。

アンケート調査の回答者は，面接調査を行った高校から得た。ただし，面接調査とアンケート調査の回答者は重なっていない。

面接調査およびアンケート調査の回答者数一覧を，**表2-2**と**表2-3**にそれぞれ示す。

表2-2　面接調査の人数

年齢層＼地域	仙台市	東京都	京都市	熊本市	合　計
高年層	24（ 4/20）	20（ 7/13）	31（ 9/22）	31（13/18）	106（ 33/ 73）
壮年層	19（12/ 7）	43（19/24）	36（13/23）	24（11/13）	122（ 55/ 67）
若年層	50（26/24）	54（24/30）	50（17/33）	50（26/24）	204（ 93/111）
合　計	93（42/51）	117（50/67）	117（39/78）	105（50/55）	432（181/251）

※（　）内は性別内訳（男性／女性）。

表2-3　アンケート調査の人数

	仙台市	東京都	京都市	熊本市	合　計
若年層	300(122/175)	306(162/144)	221(96/123)	309(170/136)	1136(550/578)

※（　）内は性別内訳（男性／女性）。性別不明の者が若干名いるが，それらは男女別の集計では除外した。

3.3. 質問項目

質問の内容一覧を，**表2-4**（面接調査），**表2-5**（アンケート調査）に示す。各々の調査の実際の質問文については，本書末尾の**資料1**および**資料2**を参照されたい。

表2-4 面接調査の質問内容一覧

設問番号	設問タイトル	質問内容
1.	道尋ね	
1.1		通りがかりの人に郵便局を尋ねるとしたら，何と言うか。
1.2		道順を教えてもらったとき，どのようにお礼を言うか。
1.3		途中まで案内してくれたとしたら，どのようにお礼を言うか。
1.4		交番で警察官に郵便局を尋ねるとしたら，何と言うか。
1.5		警察官に道順を教えてもらったとき，どのようにお礼を言うか。
2.	葉書の要求	
2.1		近所の郵便局で葉書を買うとしたら，どのように言うか。
2.2		葉書を受け取って，お礼を言うか。言うならどのように言うか。
3.	荷物預け	
3.1		行きつけの店で荷物を預ってもらうとしたら何と言って頼むか。
3.2		頼む理由は言ったほうがいいと思うか，特に必要ないと思うか。
4.	傘忘れ	
		傘を忘れて行きかけた人に注意するとしたらどのように言うか。
5.	医者の往診の依頼	
5.1		急病の隣人のために往診を頼みに行くとき，何と言うか。
5.2		急病の家族のために電話で往診を頼むとき，何と言うか。
5.3		急病の家族のために夜遅く電話で往診を頼むとき，何と言うか。
6.	中座	
6.1		会議を中座するとき，近くにいる人にどう言葉をかけるか。
6.2		中座の理由を言うか。言う場合はどんなことを言うか。
6.3		理由を言わずに退席することだけ言うのはどんな感じがするか。
6.4		退席することを言わずに理由だけ言うのはどんな感じがするか。
7.	依頼の引き受け／断り	
7.1		何度も役員を頼まれて引き受けるとしたらどのように言うか。
7.2		謙遜の言葉だけではっきり承諾しない言い方をどう感じるか。
7.3		何度も役員を頼まれたが断るとしたら，どのように言うか。
7.4		断る理由だけで止めてもいいか，断りまで言ったほうがいいか。
8.	おつりの確認要求	
		買物の釣銭が足りなくて店員に確認してもらうとき，何と言うか。
9.	訪問販売に対する断り	
9.1		訪問販売の人の話を断るとしたら，どのように言うか。
9.2		断る理由だけで止めてもいいか，断りまで言ったほうがいいか。
10.	身内敬語の使用	
		父親の友人に父親の不在を伝えるとき，どのように言うか。
11.	謝罪	
11.1		路上でうっかり人にぶつかって謝るとき，どのように言うか。
11.2		人にぶつかられ，謝られたとき何か言うか。言うなら何を言うか。
12.	勧め	
12.1		家に来た友人に食事を勧めるとしたら，どのように言うか。
12.2		友人宅で食事を勧められ，受けるとしたら，どのように言うか。
12.3		食事を勧められてそれを辞退するとしたら，どのように言うか。

表 2-5　アンケート調査の質問内容一覧

設問番号	質問内容
1～5	学校や地域社会でのあいさつ行動，言葉遣い
6	家庭における敬語使用の実態や指導
7	敬語習得の機会
8	大人との会話で気をつけている点
9	自分の言葉遣いの丁寧さ・敬語使用意識
10	場面による敬語の使い分けに関する意識
11	依頼のきりだし表現(「ちょっと悪いけど」など)の使用と丁寧さ意識
12	友人宅に電話するときの言葉遣い
13	夜間に電話する際の詫び表現の使用と丁寧さ意識
14	部活動を早退する際の理由説明に関する意識
15～17	知らない人への呼びかけ方，感謝・お詫びの表現
18-1	各種の依頼表現の丁寧さに関する意識
18-2	友達同士での丁寧な感謝表現に関する意識
19	各種の断り表現の丁寧さに関する意識
20	ぼかした表現(「～とか」「～みたいな」など)の使用と意識
21	誤用とされる敬語表現についての適切性意識

3.4. 調査方法
3.4.1. 面接調査

　回答者は，普段つきあいのある者3名前後(高校生は同級生2名)を1グループとして，1～2名の調査員が調査を行った。
　グループ調査方式を選んだのは，一対一の調査に比べて以下のようなことが期待されたからである。

　　○知合いと一緒の方が，気楽な雰囲気の中でより自然な回答が得られる。
　　○他者の回答が刺激となって，より多様な回答が引き出される。
　　○調査時間が大幅に短縮できる。

　調査時間は90分程度までを目安とした。最初のあいさつ等を除く調査そのものに要した時間は，平均65分であった。調査会場は，高年層は各地区の公共施設や回答者の自宅，壮年層は勤務先や青年会議所の事務室や自宅，若年層(高校生)は学校の教室や会議室をおもに使った。
　記録は，回答者の承諾を得て録音を行った。進行上必要なメモ程度を除き，

調査現場での筆記による記録は最小限にとどめた。これは，回答が一定の長さの発話の形をとる場合が多く，調査票への書き込みによって回答や面接のやりとりの流れを損なう恐れがあったためである。

調査は複数の調査員が分担して行ったが，進行や質問の仕方については，原則として全調査員が共通の調査票(巻末の資料1)に従った。調査員は，調査票に記された言語行動場面を一つずつ回答者に言葉で説明し，各々の状況で回答者自身がどのように言うか，発話の形で回答を得た。また，そうした言語行動において現れ得る働きかけ方の例(例えば，会議を中座するときに理由を言う，役員を引き受けるときに謙遜の言葉を言うなど)を挙げ，それについての印象や意見を聞いた。

同時に，調査では，できるだけ日常に近い言葉遣いや言語意識を引き出すために，普段の気軽な会話の雰囲気の中で回答者が回答できるよう心がけた。具体的には，複数いる回答者の答える順番は特に固定せずに，思いついた人から回答させた。また，関連する設問の間には明確な区切りを付けず，自然な流れを持たせるようにした。ただし，質問に対する回答は，集団回答でなく，必ず一人一人から求めることとした。そして，仮に先に答えた別の回答者の回答とほぼ同じだという表明があっても，それぞれの回答者に実際に発話してみせてくれるよう求めた。

調査では，質問に対する直接の回答だけでなく，それにかかわる様々な説明やコメントも同時に得られることがあった。それらは，回答者の言語行動の背後にある言語意識を見るための重要な情報源ととらえ，むしろ積極的に得て，データ分析の際に生かすよう心がけた。

なお，若年層(高校生)に対しては，壮年層・老年層とはやや異なる調査方法をとった。これは，同じく発話形式の回答を得る調査でも，筆記と口頭の回答で違いが出るかを見るという趣旨があった。面接調査と同じ質問が書かれた「事前質問票」を，学校を通じて前もって配布し，回答者が実際に使うと意識している表現(言い方)を，発話文の形であらかじめ記入してきてもらった。記入済みの事前質問票は面接調査の際に回収し，口頭での回答は基本的にそれを見ない形で得た。

3.4.2. アンケート調査

質問紙は調査対象校宛てに送付し，クラス単位で選定された回答者に教員を

通じて配布し，回収してもらった。回答記入を，授業時間中に一斉に行うか，各自自宅に持ち帰って行わせるかは，個別の事情に応じて各校の判断に委ねた。

4. データ処理

　面接調査，アンケート調査とも，回答者の地域・属性情報などとともに回答を文字化してコンピュータに入力し，分析データを作成した。

　面接調査の場合，録音された回答発話が途切れ途切れであった場合などは多少形を整えたが，基本的には発話どおりに文字化した。

　なお，以下のような場合には，同一回答者から複数の回答が得られた。

　　○想定する相手によって言い方が異なるというコメントが回答者から出され，相手別の回答を調査員が求めた場合
　　○呼びかけなど，特定の表現要素を含めて言うことがあるかといった調査員からの問いかけに対して発話を言い直した場合

　これらの場合は，全回答を入力し，各々の先頭に，調査における出現順を示す①②等の番号を付与した。複数回答を実際の分析においてどのように扱うことが適切かは，分析の目的や方法によっても異なる。本書では，面接調査のデータを分析する場合，論文ごとに，そこでの処理の方針を述べている。

　また，回答に加えてコメントが述べられている場合は，回答とは別欄を設けて要約の形でデータとして蓄積した。

5. 調査に関する反省と考察

　今回の調査では，異なる地域や年齢層の回答者(面接調査では432人，アンケート調査では1,136人)による言語行動意識や敬語意識に関する情報を集めたという点で，非常に興味深いデータが得られたと考える。しかし，事後の反省点もある。ここでは，今後同種の調査を行う場合の留意点という意味も含めて，面接調査をふりかえる。

　まず，設問によっては，質問の文言(設定場面の説明)に不明確な部分が残り，複数回答が得られた原因の一つとなった。具体的には，設問6や設問7で，相手が自分より目上(先輩)なのか，それとも同輩なのか，あるいは，設問12で食事を勧めてくれているのは友人自身なのか，友人の家族(母親，妻など)なのか，といった質問が回答者から出ることがあった。その場合には，例えば相手

が友人ならこう言う，母親ならこう言うという形で，相手別の回答を得た。そうした回答は，相手による発話のバリエーションが得られたという意味では有意義といえる。しかしながら，そうなると今度は，何も質問せずにただ答えた回答者の回答はどのような相手を想定していたのか，そこが不明な回答をどう扱うべきかという問題が逆に出てくる。不明確な回答を作ってしまわないための文言の厳密さに欠けるところがあったと反省される。

　また，今回の調査では，依頼や断りにおいて「理由を言う／言わない」に関する意識を繰り返し尋ねている。しかし，こうした言葉の使用に関する相手の意識を問う質問は，回答者に「理由を言うか／言わないか」ということを必要以上に意識させることになり，それ以降に提示される場面での発話や，理由を述べる必要性に関する回答に影響を与えた可能性もある。限られた調査時間内に効率よく質問をするためには，同じ言語行動場面についての質問はまとめて行うことが有効だが，回答者への影響を考えると，各場面でどのように言うかについての回答だけは先に得ておき，意識に関する質問はその後で行うなど，設問の順序にも工夫すべきであった。同じことは，表現形式の情報を得ようとして，いったん行われた回答に対して「呼びかけるとしたらどうか」「理由を言うとしたらどうか」といった誘導的な問いかけをその場の判断で調査員がする場合にもあてはまる。当該調査の中心的な目的に鑑みて，そうした臨時的な質問が与え得る影響について事前に調査員同士で確認し，方針を明確にすることが必要であろう。

　最後の点として，今回の面接調査では，若年層（高校生）に対しては事前の筆記回答を求めた。これは，前述のように，同じく発話形式の回答を得る調査でも，筆記と口頭の回答で違いが出るかを見るという趣旨があった。しかし，やはり事前回答が口頭の回答に影響を与えたことは否めないように思われる。一度書いたものが頭にあって，それを口頭で繰り返すということにならないためには，2種類の調査の順序や時間的間隔などにも細心の注意が必要であろう。

第3章　依頼場面での働きかけ方における世代差・地域差

熊谷智子
篠崎晃一

<要旨>
　本稿では，＜荷物を預ける＞＜往診を頼む＞＜釣銭の確認を頼む＞という3種類の依頼場面における相手への働きかけ方の世代差・地域差を分析した。世代差としては，全体的に若年層よりも高壮年層のほうが，用いる働きかけ（機能的要素）の数や恐縮表現の使用などの面で，相手や場面による行動の使い分けが細やかであることが観察された。また，若年層は決まった表現パターンに集中しがちであったのに対し，高壮年層は回答者によって多様な働きかけの仕方が見られた。地域差に関しては，世代差ほど大きな差は見られなかったが，場面状況において重視される要因や，個々の働きかけの表現の使い方などについては違いが観察された。

1.　はじめに

　言語行動には，依頼や断り，説得，謝罪など様々な種類があるが，そのいずれにおいても，話者は二つのことに配慮をしているのではないかと思われる。それは，熊谷（1995, 2000）で言語行動における二つの指向性として述べた，「当該の言語行動の目的を効果的に達成すること」と「相手との対人関係を良好に保つこと」である。
　謝罪や感謝を述べる場合には，言語行動の目的の達成が，同時に対人関係を良好に保つことにつながる。しかしながら，二つの指向性を両立させるのが容易とは限らないこともある。例えば，断りにおいては，意思を伝えるという行動の目的がきちんと達成されなくては意味がない。しかしその一方で，社会的な対人行動であるからには，なるべく相手の感情を害しないようにする必要もある。そこで話者は，両者のバランスをとりつつ，双方をなるべく満たすよう，工夫や配慮を行っているのではないかと考えられる。
　言語形式の選択は，そうした工夫の一つである。たとえば，敬語を使うことで，話者は相手や場面への配慮を示している。また，何かを説明する際に相手

に分かりやすい用語や言い回しを選ぶことは，内容をよりよく伝えるという目的達成と，受け手の負担を軽減するという両面への配慮となり得る。

話者の配慮のありようを観察する上でさらに興味深いと考えられるのは，言語行動における「働きかけの仕方」，すなわち，依頼の際に当該の頼みをするに至った事情を述べるか，断りを言う際にお詫びの言葉を添えるか，そのほか，用件のきりだし方，話を進める順序などといったことである。それらを通して，行動の仕方や方策の選択といった形で配慮の具体的なあらわれを見ることができるのではないかと考えられる。

本章では，面接調査(第2章参照)の中から依頼行動に関する三つの設問をとりあげ，働きかけの仕方に注目して回答の分析を行う。そして，依頼の達成および対人関係の調整・保持という二つの面における配慮がどのような点にあらわれているかについて，世代および地域による傾向の異同を探る。

2. 対象とした依頼場面

分析対象としたのは，以下の三つの場面である。
「荷物を預けるための依頼(以下，【荷物預け】とする)」
「往診の依頼(以下，【往診】)」
「釣銭の確認の依頼(以下，【釣銭確認】)」
それぞれの場面の内容説明を兼ねて，調査票の質問文を以下に示す。

【荷物預け】
　行きつけの店でかさばる買物をしたとします。そのあとで，ちょっとよそへ廻るので，その荷物【高校生の調査では「その荷物や乗ってきた自転車」】をあずかっておいてもらうとしたら，店の人に何と言って頼みますか？　お店の人は，よく知っている20〜30代の男の店員だとします。

(面接調査票　問3.1.)

【往診】
　お宅の家の近所の人が急病になったとします。あなたが頼まれてお医者さんの家に行くと，お医者さんが玄関に出てきました。そのお医者さんに，すぐ来てもらうのには，何と言って頼みますか？　お医者さんは50〜60歳の男の人とします。

(面接調査票　問5.1.)

> 【釣銭確認】
> 　行きつけのお店で買物をしておつりをもらったところ，おつりが足りなかったとします。自分の計算に間違いはなく，確かに店員の間違いだということがはっきりしているとします。そのような時，店員にもう一度確かめてもらうように言うとしたら何と言いますか？店員は30代の女性だとします。
>
> （面接調査票　問8.）

3. 分析データの整備
3.1. 分析データの選定

　面接調査の原データは，上記の質問に対して回答者が口頭で述べた自由発話形式の回答を録音し，文字化したものである。場合によっては，一つの質問に対して複数の回答が文字化データとして存在するものもあった。その多くは，面接の場で調査員が「相手に呼びかけるとしたらどうか」「事情を説明する場合もあるか」などの問いかけや促しをしたことへの反応として第二，第三の回答が出てきたものであった。働きかけ方を見るという本章の趣旨からして，そうした誘導に影響されていない回答を分析することが望ましいと考え，複数の回答がある場合は最初に述べられた回答のみを分析対象とした。

　表3-1と**表3-2**に，【荷物預け】場面を例に，分析対象データの世代・地域による内訳を示す。（無回答または録音不良による聞き取り不能の場合はデータから除外したため，場面によって1～2名データ数が異なる。）

表3-1　回答者の世代別内訳（【荷物預け】）　　　　　　　　　　単位：人

若年	壮年	高年	計
204	122	105	431
204	227		431

表3-2　回答者の地域別内訳（【荷物預け】）　　　　　　　　　　単位：人

仙台	東京	京都	熊本	計
93	117	116	105	431

　世代の分析は，三つの世代の人数差を勘案して，〔若年〕と〔高壮年〕（壮年と高年をまとめたもの）の2グループを比較する形で行う。地域差の分析は，〔仙台〕，〔東京〕，〔京都〕，〔熊本〕の4グループ間で比較を行う。

3.2. 「機能的要素」の単位分割

面接調査で得られた回答の例を，場面ごとに示す。

【荷物預け】
　例．スイマセン，チョット　用ガアルノデ　自転車ト荷物　アズカッテモラエマスカ？
【往診】
　例．ウチノ近所ノ人ガ　病気ナンデス。スグニ　キテモラエマスカ？
【釣銭確認】
　例．アノ，オツリー　チガウミタイデスケド。

これらの回答を，呼びかけ，説明など，相手に対する働きかけの機能を担う最小部分と考えられる単位に分割した。その単位を，本章では「機能的要素」と呼ぶ[1]。たとえば上記の例は，以下のように分割される。

　スイマセン，／チョット　用ガアルノデ　／　自転車ト荷物　アズカッテモラエマスカ？
　ウチノ近所ノ人ガ　病気ナンデス。／　スグニ　キテモラエマスカ？
　アノ，／　オツリー　チガウミタイデスケド。

このように単位分割し，働きかけの内容によって分類した結果，【荷物預け】の全回答には 10 種類，【往診】には 15 種類，【釣銭確認】には 13 種類の機能的要素のバリエーションが見られた。その一覧を次ページの**表 3-3** に示す。

表 3-3 には，機能的要素の上位分類として「コミュニケーション機能」という欄がある。これは，個々の機能的要素を，依頼の言語行動においてどのような役割を担っているかという観点からグループにまとめたものである。

依頼の発話として具体的に何を言うかは，依頼の内容や相手，その場の状況など，個別の条件によって異なる。しかし，依頼という対人行動を構成し得る要素として，まず話を始める(《きりだし》)，相手に事情を知らせ，依頼の必要性などの状況認識を共有してもらう(《状況説明》)，相手の承諾を引き出すような働きかけをする(《効果的補強》)，依頼の意を表明する(《行動の促し》)，相手

---

[1] 熊谷(2000)ではこの単位を「はたらきかけ」と呼び，詳しい考察を行っている。

第3章　依頼場面での働きかけ方における世代差・地域差

の負担に対する恐縮や遠慮の気持ちを表明する(《対人配慮》)などがあり得ることは，個別の発話形式を越えて共通であると考えられる。

依頼行動の核となるコミュニケーション機能は，《行動の促し》である。依

表3-3　コミュニケーション機能と機能的要素の対応一覧

コミュニケーション機能	機能的要素		
	荷物預け	往診	釣銭確認
きりだし	A. 注目喚起(スイマセン/○○サン) B. 用件(タノンデイーデスカ?)	A. 注目喚起(スイマセン/センセー※) B. 挨拶(コンチワ/ゴメンクダサイ) C. 用件(オネガイ シタインデスガ)	A. 注目喚起(スミマセン/ネーネー) B. 当惑の表明(アラ/ノート)
状況説明	C. 事情(ヨソエ マワリマスカラ) D. 不都合(オモタイ/カサバルカラ)	D. 急病人の発生(急病人ガイルノデ) E. 患者の情報(先生ニカカリツケミタイデスケドモ) F. 自己の情報(○○トモーシマスガ/タノマレテキタカラ)	C. 買物の経緯(サッキ 買物シタンデスケド) D. 買物の金額(ワタシワ ○○円ダシタノデ) E. 計算違い(コレ アッテマスカ) F. 釣銭不足(オツリガ タリナインデスカ)
効果的補強	E. 請け合い(アトデ トリニキマス)	G. 緊急性(シニソーダカラ) H. 必然性(ウゴケナイカラ) I. 案内の申し出(案内シマスカラ)	G. 確証の付加(何度モタシカメマシタガ) H. レシート提示(レシート コレナンデスケドー)
行動の促し	F. 預かりの依頼(アズカッテクダサイ) G. 依頼の念押し(オネガイシマス) H. 意向の確認(ドーデスカ)	J. 直接的依頼(キテ イタダケマスカ) K. 伝言形の依頼(~ト イッテマス) L. 依頼の念押し(オネガイシマス) M. 意向の確認(イカガデショー)	I. 不足分の請求(○○円ジャナイデスカ?/アト○○円 クダサイ) J. 再計算の要求(タシカメテモラエマスカ?)
対人配慮	I. 恐縮の表明(スミマセンガ/オジャマデショーガ)	N. 恐縮の表明(スミマセンガ/ヤブン オソレイリマスガ)	K. 恐縮の表明(スミマセンケド) L. 主張の和らげ(ワタシノ 計算チガイナノカドーナノカ)
その他	J. その他(ココエ オイトクカラ など)	O. その他(ヨカッタ/ナンジゴロ コラレマスカ など)	M. その他(マダ オ財布ニ オツリモ イレテマセンシ など)

※ <往診>の回答にあらわれた「センセー」は，きりだしの呼びかけと思われるものだけを「注目喚起」として認定した。

頼行動・依頼表現に関する多くの研究においても，この部分の分析が主となる傾向があった。しかし，本章では，それ以外の部分も併せて分析することで，話の運び方に見られる配慮のあり方を考察していく。

4. 世代差

本節では，【荷物預け】，【往診】，【釣銭確認】の3場面に関して，発話回答の世代差を見る。比較の観点としては，当該の依頼の遂行に関する以下の4点を用いる。

①機能的要素を幾つ使用しているか
②どのようなコミュニケーション機能を使用しているか
③どのような種類の機能的要素を使用しているか
④機能的要素をどのように組み合わせているか

①に関しては，働きかけを多彩に，数多く用いているか，あるいはシンプルな形で依頼を行っているかを観察する。②については，場面・内容を問わず，依頼行動にほぼ共通すると考えられるコミュニケーション機能の種類で見た場合に，世代によって選択の傾向が異なるかどうかを見る。③では，それらコミュニケーション機能の実現形を，機能的要素の選択という形でより具体的に確認する。また，④では，機能的要素をどのような順でどのようにとり合わせているかを通して，依頼の言語行動の具体的な構成を見る。

4.1. 機能的要素の使用数

まず，当該の言語行動を行う際に，幾つの機能的要素を用いているかという観点から，〔若年〕と〔高壮年〕の比較を行う。

依頼に用いられる機能的要素の数が多いということは，「いろいろなことを言って(いろいろな方策を繰り出して)依頼を行っている」ということになり，発話も長めに，またより複雑な内容になる。国立国語研究所が愛知県岡崎市で行った調査(以下，岡崎調査とする)のデータの分析結果からは，丁寧度の高い言語形式を用いている回答の方が，機能的要素も多く使っているという傾向が観察されている(熊谷1995)。こうしたことを考慮すると，機能的要素の使用数は，相手や行動目的達成に対する話者の配慮の度合いを見る一つの目安になるのではないかと考えられる。

機能的要素の使用数の少ない回答と多い回答の例を，以下に場面ごとに示す（例では，機能的要素の単位分割点を「／」で示す）。なお，以下の機能使用数は，同じ機能の複数使用は複数個と数えた延べ使用数である。機能的要素の使用数が倍だからといって発話の長さも倍になるとは限らないが，例を見ると，やはり機能的要素を多く用いている回答は「いろいろなことを言っている」という印象を与える。

【荷物預け】
　例．荷物　アズカッテモラエマセンカ？　　　　　　　　　（使用数1）
　例．スイマセン，／ア　チョット　コレカラ　用事アルンデ，／チョット　コノヘンマワッテクルンデ，／コノ荷物　チョット　オカセテモライタインデスケド，／オネガイシマス。　　　　　　　　　　　　（使用数5）

【往診】
　例．近所ノ人ガ　急病デ／スグニ　キテホシーンデスケド。　（使用数2）
　例．ゴメンクダサイ。／ワタクシワ　イツモオ世話ニナッテル　○○デスケレドモ，／実ワ　ゴ近所ノ△△サンガ　コーユー具合デスケレドモ，／オイデイタダケマセンデショーカ？／ゴ家族ノカタモ　チョット　イマ大変イソガシーノデ，／カワリニ　マイリマシタケレドモ，／ドーゾ　ヨロシクオネガイシマス。　　　　　　　　　　　　　　（使用数7）

【釣銭確認】
　例．勘定　マチゴーテマスヨ。　　　　　　　　　　　　　（使用数1）
　例．スイマセン，／今　イタダイタ　オツリナンデスガ，／○○円　オワタシシタンデスガ，／コレダケ　モラッタンデスガ，／チョット　チガッテルヨーナンデスガ，／チョット　確認シテイタダケマスカ？
　　　　　　　　　　　　　　　　　　　　　　　　　　　　（使用数6）

場面ごとの機能的要素の使用数による世代別内訳を，表3-4～3-6（実数）および図3-1～3-3（％）に示す。機能的要素の世代別平均使用数は，表3-7のとおりである。

表3-4　機能的要素の使用数による内訳：世代別【荷物預け】　　　　　単位：人

世代＼使用数	1	2	3	4	5
若年	29	100	65	8	2
高壮年	13	91	86	27	10

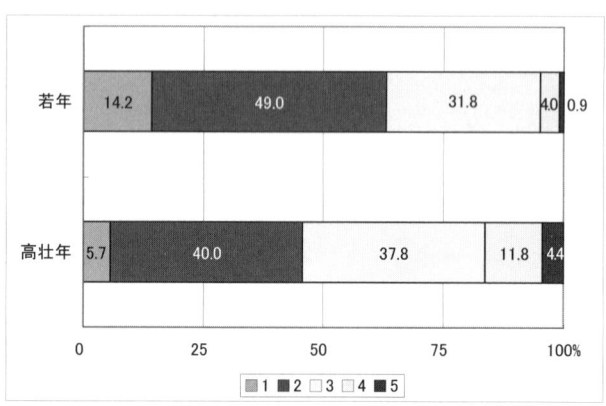

図3-1　世代別機能的要素数：【荷物預け】

表3-5　機能的要素の使用数による内訳：世代別【往診】　　　　　　単位：人

世代＼使用数	1	2	3	4	5	6	7	8
若年	2	88	93	21	0	0	0	0
高壮年	0	32	91	59	31	10	2	1

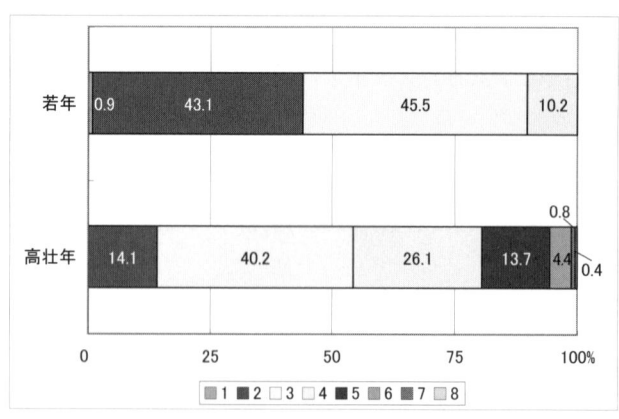

図3-2　世代別機能的要素数：【往診】

表 3-6　機能的要素の使用数による内訳：世代別【釣銭確認】　　　　　単位：人

世代＼使用数	1	2	3	4	5	6
若年	37	107	42	13	5	0
高壮年	64	93	45	19	3	3

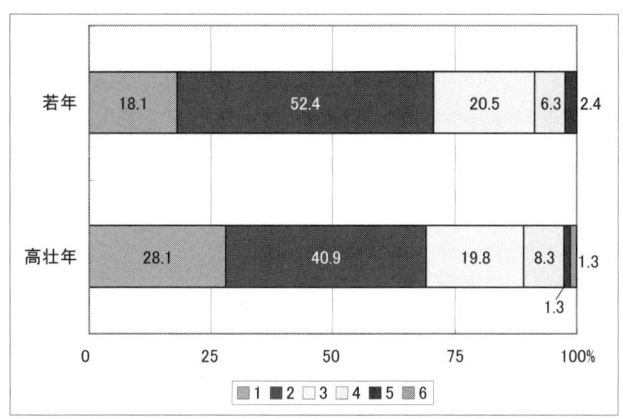

図 3-3　世代別機能的要素数：【釣銭確認】

表 3-7　機能的要素の平均使用数：世代別

	荷物預け	往診	釣銭確認
若年	2.28	2.65	2.23
高壮年	2.69	3.58	2.18

　【荷物預け】と【往診】に関しては，〔高壮年〕の方が多くの機能的要素を使って依頼を行っているが，【釣銭確認】では世代差は少ない。次に，平均使用数を見ると，〔若年〕，〔高壮年〕ともに【往診】＞【荷物預け】＞【釣銭確認】の順で平均使用数が多い。ただし，〔若年〕では3場面を通じて大きな差が見られないが，〔高壮年〕では，【往診】と【荷物預け】の平均使用数の差が0.89個，【荷物預け】と【釣銭確認】では0.51個と，明らかな違いが見られる。
　今回の3場面と同じ場面を調査した岡崎調査では，回答の言語形式の丁寧さをもとに「場面の丁寧さ」の順位を出している（国立国語研究所 1983：201）。それによると，丁寧さの順位はやはり，【往診】＞【荷物預け】＞【釣銭確認】の順になっている。相手が医師なのか，行きつけの店の店員なのか，あるいは，

自分の都合で頼みごとをするのか,相手の間違いがもとになったことなのかといったことは,当然ながら物言いにおける配慮の度合いにも関係してくる。今回の調査結果では,〔高壮年〕では相手や場面への配慮の度合いが機能的要素の使用数に反映されている,すなわち,配慮しながらものを言う際にはより多くの機能的要素を用いるという傾向が見られるが,〔若年〕では機能的要素の使用数に関してはあまり影響は認められない。

4.2. コミュニケーション機能の使用

次に,用いられている機能の内容を見る。本節では,より大きな分類であるコミュニケーション機能のレベルで見た使用傾向を,場面ごとに述べる。

4.2.1. 【荷物預け】の場面

各種コミュニケーション機能の用いられ方を,表 3-8 と図 3-4 に示す。

表 3-8 コミュニケーション機能の使用:世代別【荷物預け】　　　　単位:人

	きりだし	状況説明	効果的補強	行動の促し	対人配慮	その他
若年	94	99	16	204	38	0
高壮年	57	127	47	227	113	7

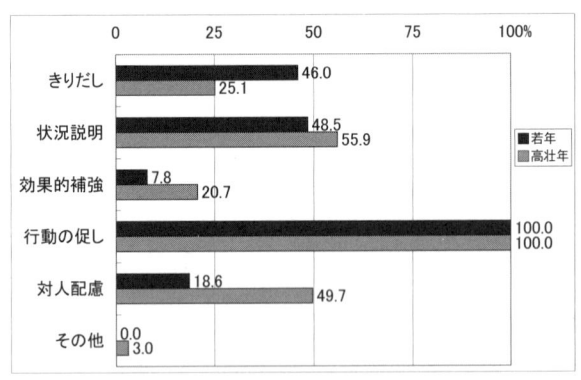

図 3-4 コミュニケーション機能の使用状況(世代間比較):【荷物預け】

〔若年〕,〔高壮年〕に共通しているのは,全員が《行動の促し》を用いており,5 割前後が《状況説明》を用いているという点である。一方,《きりだし》は〔若年〕の方がより多く,《効果的補強》と《対人配慮》は〔高壮年〕の方

がより多く使用している。《効果的補強》は依頼に対する相手の承諾を引き出すという目的達成のための働きかけであり、《対人配慮》はまさに相手への気配りである。荷物の預かりという、店の通常業務の範囲外のことを頼む状況との関係で、〔高壮年〕はこれら両面にかかわるコミュニケーション機能を積極的に用いているものと思われる。

4.2.2. 【往診】の場面

各種コミュニケーション機能の用いられ方を、表3-9と図3-5に示す。

表3-9　コミュニケーション機能の使用：世代別【往診】　　　　　　単位：人

	きりだし	状況説明	効果的補強	行動の促し	対人配慮	その他
若年	85	195	18	200	17	1
高壮年	121	217	13	226	74	13

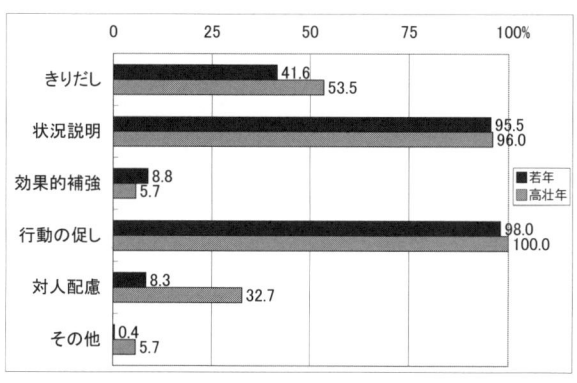

図3-5　コミュニケーション機能の使用状況（世代間比較）：【往診】

《状況説明》と《行動の促し》の使用率が100％近い一方で、《効果的補強》の使用率が非常に低い点は、〔若年〕と〔高壮年〕に共通している。この場面では、急病人の発生を知らせることが往診の依頼において不可欠であることから、《状況説明》の使用率が高くなっている。また、相手の承諾を引き出す《効果的補強》のコミュニケーション機能の使用率が低くなっているのは、急病人への対応は医師の仕事と考えられているからであろう。

一方、《きりだし》は【荷物預け】の場合とは逆に、〔高壮年〕の方がやや使用が多い。《対人配慮》の使用率は、【荷物預け】と同様、〔高壮年〕の方が高

いが，〔若年〕，〔高壮年〕ともに【荷物預け】の場合より低めになっている。

4.2.3. 【釣銭確認】の場面

各種コミュニケーション機能の用いられ方を，表 3-10 と図 3-6 に示す。

表 3-10　コミュニケーション機能の使用：世代別【釣銭確認】　　　　単位：人

	きりだし	状況説明	効果的補強	行動の促し	対人配慮	その他
若年	136	187	9	79	12	0
高壮年	101	210	14	76	31	3

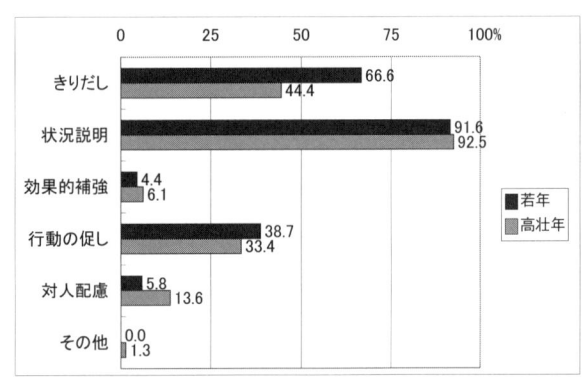

図 3-6　コミュニケーション機能の使用状況（世代間比較）：【釣銭確認】

《きりだし》に世代差が見られる以外は，〔若年〕と〔高壮年〕の使用率の全体的パターンはかなり類似している。《状況説明》の使用が 90％を超え，その一方で《行動の促し》という依頼の核となる部分の使用がいずれも 30％台と低い。これは，買物の場面では，「釣銭が足りない」「勘定が間違っている」などの状況を告げさえすれば店員が対処してくれる（正しい釣銭をくれる）という予測があるためであろう。同様の理由から，《効果的補強》の使用も非常に少ない。《対人配慮》も，比較的多い〔高壮年〕でも 10％強にとどまっている。

4.3.　機能的要素の使用

前節ではコミュニケーション機能の使用から言語行動の世代差を観察したが，本節では，さらに具体的な発話内容のレベルで，どのような機能的要素がそれぞれの世代によって用いられているかを見ていく。

4.3.1. 【荷物預け】の場面

各種の機能的要素の用いられ方を，表3-11と図3-7に示す。

表3-11　機能的要素の使用：世代別【荷物預け】　　　　　　　　単位：人

	きりだし		状況説明		効果的補強	行動の促し			対人配慮	その他
	A	B	C	D	E	F	G	H	I	J
若年	91	2	94	11	16	204	5	0	38	1
高壮年	57	1	118	17	47	227	11	3	113	7

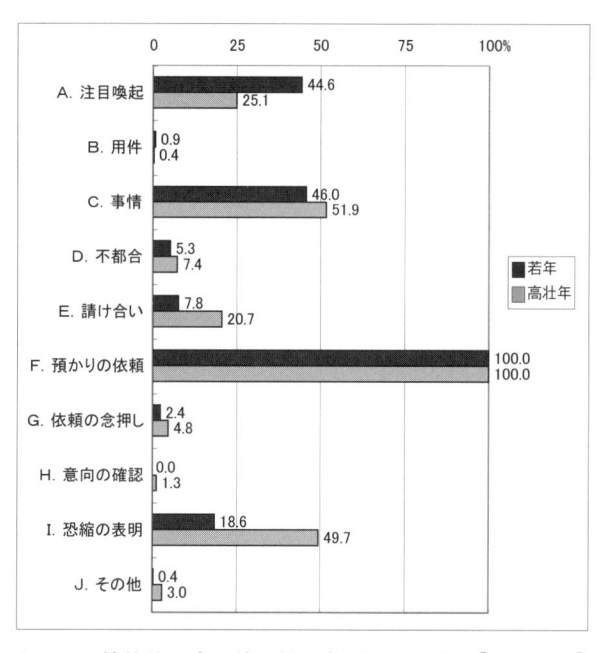

図3-7　機能的要素の使用状況（世代間比較）：【荷物預け】

項目	若年	高壮年
A. 注目喚起	44.6	25.1
B. 用件	0.9	0.4
C. 事情	46.0	51.9
D. 不都合	5.3	7.4
E. 請け合い	7.8	20.7
F. 預かりの依頼	100.0	100.0
G. 依頼の念押し	2.4	4.8
H. 意向の確認	0.0	1.3
I. 恐縮の表明	18.6	49.7
J. その他	0.4	3.0

4.2.1.節で述べた《きりだし》の使用の世代差は，「すいません」や呼びかけなどの〈A 注目喚起〉の使用が〔若年〕に多いためであったことが分かる。一方，きちんと受け取りに来ることを保証する〈E 請け合い〉や〈I 恐縮の表明〉など，依頼達成のための説得材料や，相手への気配りを述べる機能的要素については，〔高壮年〕の方が使用が多くなっている。《状況説明》の機能的要素は，〔若年〕，〔高壮年〕ともに「荷物がかさばる」などの〈D 不都合〉よりも〈C 事情〉がほとんどであり，「これからよそへまわる」という趣旨の説明

をいずれも約半数が依頼に添えている。

4.3.2. 【往診】の場面

各種の機能的要素の用いられ方を，表3-12と図3-8に示す。

表3-12　機能的要素の使用：世代別【往診】　　　　　　　　　　単位：人

	きりだし			状況説明			効果的補強			行動の促し				対人配慮	その他
	A	B	C	D	E	F	G	H	I	J	K	L	M	N	O
若年	79	6	0	195	3	8	14	1	3	199	1	7	2	17	1
高壮年	110	20	3	211	12	41	7	5	1	201	36	20	14	74	13

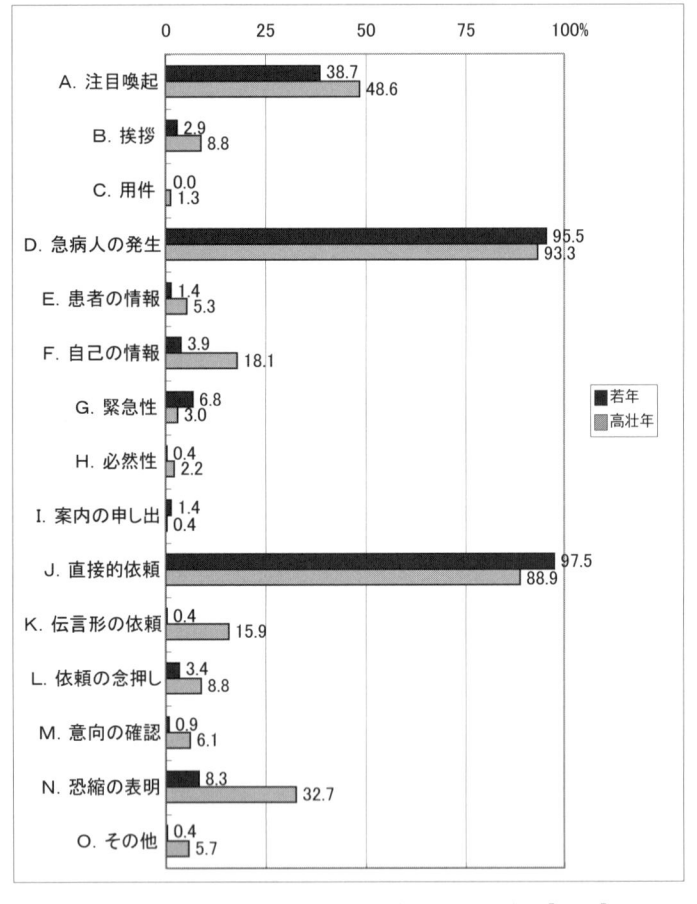

項目	若年	高壮年
A. 注目喚起	38.7	48.6
B. 挨拶	2.9	8.8
C. 用件	0.0	1.3
D. 急病人の発生	95.5	93.3
E. 患者の情報	1.4	5.3
F. 自己の情報	3.9	18.1
G. 緊急性	6.8	3.0
H. 必然性	0.4	2.2
I. 案内の申し出	1.4	0.4
J. 直接的依頼	97.5	88.9
K. 伝言形の依頼	0.4	15.9
L. 依頼の念押し	3.4	8.8
M. 意向の確認	0.9	6.1
N. 恐縮の表明	8.3	32.7
O. その他	0.4	5.7

図3-8　機能的要素の使用状況（世代間比較）：【往診】

ほとんどの種類の機能的要素について、〔高壮年〕の方が使用が多い。表3-7で見た【往診】の機能的要素の平均使用数では、〔高壮年〕が〔若年〕より一人につき平均約1個ずつ多く機能的要素を使用する計算になっていたが、それは〔高壮年〕が多種類の機能的要素をより多く使っている結果と言える。たとえば、《状況説明》に属する機能的要素では、〔若年〕の使用は〈D 急病人の発生〉にほぼ限られるが、〔高壮年〕ではそれに加えて〈F 自己の情報〉も20％近く見られる。相手に対して、自分がどのような立場の何者であるかを明確に伝えようとしていると考えられる。

《行動の促し》において依頼を伝えるやり方は、〔若年〕が〈J 直接的依頼〉にほぼ限られるのに対して、〔高壮年〕では〈K 伝言形の依頼〉も15.9％見られる。これも、自分のこととして頼むよりも、事実に近い言い方をするという意味で、上述の〈F 自己の情報〉と共通する姿勢が感じられる。さらに、〔高壮年〕では相手の行動を促す〈L 依頼の念押し〉や〈M 意向の確認〉も、〔若年〕よりは多くあらわれている。〔高壮年〕では〈K 伝言形の依頼〉が一定数見られるわけだが、この機能的要素は、「往診してほしいと言っています」など、言語形式上は伝達の形をとるので、「よろしくお願いします」や「いかがでしょうか」などといった発話を添えることによって、依頼という行動目的を明確にしようとする場合もあるのではないかと考えられる。

《対人配慮》の機能的要素である〈N 恐縮の表明〉は、【荷物預け】の場合と同じく、〔若年〕より〔高壮年〕に目立って多い。

4.3.3.【釣銭確認】の場面

【釣銭確認】における各種の機能的要素の用いられ方を、表3-13と図3-9に示す。

表3-13 機能的要素の使用：世代別【釣銭確認】　　　　　　　　　単位：人

	きりだし		状況説明				効果的補強		行動の促し		対人配慮		その他
	A	B	C	D	E	F	G	H	I	J	K	L	M
若年	130	7	12	11	6	181	8	1	10	70	11	1	0
高壮年	66	44	13	27	39	162	6	8	6	72	26	5	3

```
           0      25      50      75     100%
A. 注目喚起    ███████████████ 63.7
              ██████ 29.0
B. 当惑の表明  █ 3.4
              ████ 19.3
C. 買物の経緯  █ 5.8
              █ 5.7
D. 買物の金額  █ 5.3
              ██ 11.8
E. 計算違い    █ 2.9
              ███ 17.1
F. 釣銭不足    ████████████████████ 88.7
              ████████████████ 71.3
G. 確証の付加  █ 3.9
              ▌2.6
H. レシート提示 ▌0.4
              ▌3.5
I. 不足分の請求 █ 4.9
              ▌2.6
J. 再計算の要求 ███████ 34.3
              ██████ 31.7
K. 恐縮の表明  █ 5.3
              ██ 11.4
L. 主張の和らげ ▌0.4
              ▌2.2
M. その他      0.0
              ▌1.3
```

■若年　□高壮年

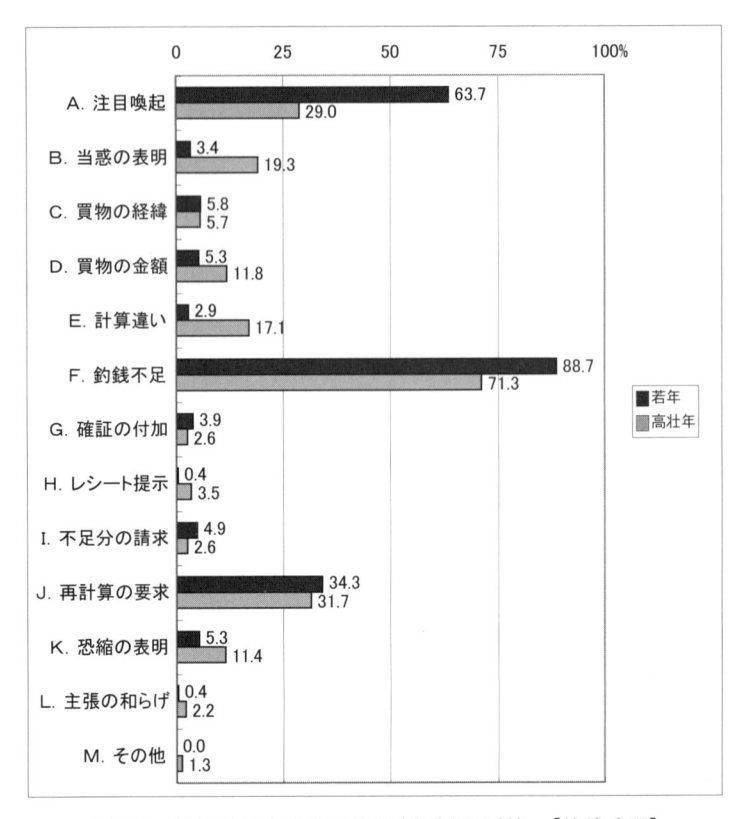

図 3-9　機能的要素の使用状況（世代間比較）：【釣銭確認】

　4.2.3.節でも述べたとおり，この場面に関しては《行動の促し》にあたる機能的要素の使用が〔若年〕，〔高壮年〕ともに少ない。代わりに主として用いられているのは〈F 釣銭不足〉で，〔若年〕で88.7％，〔高壮年〕で71.3％が使用している。〔若年〕では，それに加えて〈A 注目喚起〉の使用率が63.7％と，〔高壮年〕の29.0％に比べて顕著に高い。〔若年〕の場合は，それらに加えて〈J 再計算の要求〉が34.3％ある以外は，特にまとまった使用率を示す機能的要素はない。一方〔高壮年〕は，《きりだし》では〈B 当惑の表明〉も19.3％が使っており，最初の段階から問題の所在を相手に伝えようという方策が見られる。《状況説明》でも〈D 買物の金額〉や〈E 計算違い〉などの使用が〔若年〕より多めである。〈K 恐縮の表明〉は，〔高壮年〕の使用が〔若年〕より若干多いが，【荷物預け】や【往診】に比べると，その差はかなり小さい。

4.4. 機能的要素の組み合わせ方

前節では，個々の機能的要素について使用状況を見たが，本節では依頼の言語行動におけるそれらの組み合わせ方の傾向を，世代別に観察する。

4.4.1. 【荷物預け】の場面

4.1.節で見たとおり，機能的要素の使用数は〔若年〕，〔高壮年〕ともに1～5個であるが，その中での機能的要素の組み合わせパターンの異なり（単なる共起でなく，順番も固定したパターンの異なり）は，〔若年〕で28種類，〔高壮年〕では62種類と，両者でかなり異なる。これは，一つには〔高壮年〕の方が全体に機能的要素の使用数がやや多い分（〔若年〕の平均2.28個に対して平均2.69個），組み合わせも多様になり得ることの影響と思われる。同時に，〔若年〕では限られた数の定型化パターンが用いられやすいことも考えられる。

実際の組み合わせを見ると，使用数1（1個の機能的要素のみで依頼を遂行）の回答は，〔若年〕に29件，〔高壮年〕に13件見られたが，そのすべてが〈F：預かりの依頼〉という機能的要素であった。最低限の発話の場合は用件の核の部分だけを述べるということであろう。

2個の機能的要素を組み合わせて言語行動を行っている回答は〔若年〕に100件，〔高壮年〕に91件見られた。そのうち，件数10件以上の組み合わせは，それぞれ以下のようになっていた。

〔若年〕　　＜A－F：注目喚起－預かりの依頼＞（40件）
　　　　　　　例．スミマセン，荷物　アズカッテモラエマスカ？
　　　　　＜C－F：事情－預かりの依頼＞（33件）
　　　　　　　例．チョット　ヨリタイ所ガアルンデスケドー，自転車アズカッテクレマセンカ？
　　　　　＜I－F：恐縮の表明－預かりの依頼＞（19件）
　　　　　　　例．スンマセンケド，オイトイテイーデスカ？
〔高壮年〕＜I－F：恐縮の表明－預かりの依頼＞（36件）
　　　　　＜C－F：事情－預かりの依頼＞（25件）
　　　　　＜A－F：注目喚起－預かりの依頼＞（14件）

3個の機能的要素を組み合わせている回答は，〔若年〕が65件，〔高壮年〕が86件であったが，件数10件以上のものは，以下の通りであった。

〔若年〕　　＜Ａ－Ｃ－Ｆ：注目喚起－事情－預かりの依頼＞(36件)
〔高壮年〕　＜Ｉ－Ｃ－Ｆ：恐縮の表明－事情－預かりの依頼＞(27件)
　　　　　　＜Ａ－Ｃ－Ｆ：注目喚起－事情－預かりの依頼＞(16件)

これらを見ると，主要な組み合わせパターンは二つの世代グループでほぼ同じであるが，〔若年〕の方が特定のパターンへの集中が顕著といえる。

4.4.2. 【往診】の場面

　この場面では，機能的要素の組み合わせパターンの異なりは，〔若年〕では42種類だが，〔高壮年〕は103種類にのぼる。これは，要素の使用数が〔若年〕では1～4個の範囲内であるのに対し，高年では2～8個であることが影響していると考えられる。

　すべての組み合わせの異なりを通して，10件以上の該当件数が見られる組み合わせパターンは，〔若年〕では以下の2種類であった。

〔若年〕　　＜Ｄ－Ｊ：急病人の発生－直接的依頼＞(81件)
　　　　　例．ウチノ近所ノ人ガ 急病ナンデス。スグニ キテモラエマスカ？
　　　　　＜Ａ－Ｄ－Ｊ：注目喚起－急病人の発生－直接的依頼＞(57件)
　　　　　例．スイマセン，急病人ガイルノデ，スグ　キテクダサイ。

一方，〔高壮年〕では以下の3種類の組み合わせが見られた。

〔高壮年〕　＜Ａ－Ｄ－Ｊ：注目喚起－急病人の発生－直接的依頼＞(34件)
　　　　　　＜Ｄ－Ｊ：急病人の発生－直接的依頼＞(26件)
　　　　　　＜Ｎ－Ｄ－Ｊ：恐縮の表明－急病人の発生－直接的依頼＞(14件)
　　　　　例．オソレイリマスケレドモ，急病ノ患者サンガイテ，ミテイタダキタインデスガ？

　上位2パターンは〔若年〕，〔高壮年〕に共通である。ただし，〔若年〕の場合は上位2パターンで全回答の67.6%を占めるのに対して，〔高壮年〕では上位3パターンを合わせても，全回答の32.7%にすぎない。この場面では，特定のパターンに集中する〔若年〕の傾向に対して，〔高壮年〕では様々な組み合わせのバリエーションが見られるという点で，両者の違いが【荷物預け】以上に明確に見られる。

4.4.3. 【釣銭確認】の場面

　この場面での組み合わせパターンの異なりは，〔若年〕が42種類，〔高壮年〕が82種類であった。すべてのパターンを通して，該当件数が10件以上のものは，〔若年〕，〔高壮年〕それぞれ以下の通りであった。

〔若年〕　　＜Ａ－Ｆ：注目喚起－釣銭不足＞(69件)

　　　　　　　例．スイマセン，オツリ　マチガッテマス。

　　　　　＜Ｆ：釣銭不足＞(33件)

　　　　　＜Ａ－Ｆ－Ｊ：注目喚起－釣銭不足－再計算の要求＞(26件)

　　　　　　　例．スミマセン，オツリ　タリナインデスケド，タシカメテ
　　　　　　　　モラエマスカ？

　　　　　＜Ｆ－Ｊ：釣銭不足－再計算の要求＞(12件)

〔高壮年〕　＜Ｆ：釣銭不足＞(48件)

　　　　　＜Ａ－Ｆ：注目喚起－釣銭不足＞(26件)

　　　　　＜Ｂ－Ｆ：当惑の表明－釣銭不足＞(12件)

　　　　　　　例．アラー，オツリマチガエテルンジャナーイー？

　　　　　＜Ｆ－Ｊ：釣銭不足－再計算の要求＞(12件)

　この場面では，全体に機能的要素の使用数が少ない(〔若年〕，〔高壮年〕ともに使用数1および2の回答が約7割を占める)ため，複雑な組み合わせは見られないものの，〔若年〕の＜Ａ－Ｆ＞の69件を除いては，特に多くの件数が集中するパターンはない。

5.　地域差

　本節では，回答の地域差を検討する。比較の観点は世代差の場合と同じく，
　　①機能的要素を幾つ使用しているか
　　②どのようなコミュニケーション機能を使用しているか
　　③どのような種類の機能的要素を使用しているか
　　④機能的要素をどのように組み合わせているか
を用いる。

5.1.　機能的要素の使用数

　ここでは，〔仙台〕，〔東京〕，〔京都〕，〔熊本〕の4地域の間で，【荷物預け】，【往診】，【釣銭確認】の3場面における機能的要素の使用数を比較する。

まず，機能的要素の使用数によるデータの地域別内訳を，場面別に表 3-14 〜 3-16（実数）および図 3-10 〜 3-12（％）に示す[2]。

表 3-14　機能的要素の使用数による内訳：地域別【荷物預け】　　　単位：人

使用数	1	2	3	4	5
仙台	6	32	40	10	5
東京	10	50	48	7	2
京都	13	52	38	10	3
熊本	13	57	25	8	2

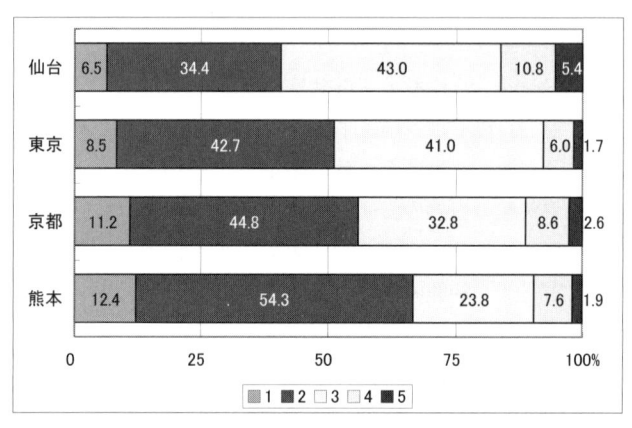

	1	2	3	4	5
仙台	6.5	34.4	43.0	10.8	5.4
東京	8.5	42.7	41.0	6.0	1.7
京都	11.2	44.8	32.8	8.6	2.6
熊本	12.4	54.3	23.8	7.6	1.9

図 3-10　地域別機能的要素数：【荷物預け】

【荷物預け】に関しては，〔仙台〕＞〔東京〕＞〔京都〕＞〔熊本〕の順で機能的要素の使用数が多いというパターンが図 3-10 から明らかである。使用数 1 〜 2 とそれ以上に分けた場合，使用数 1 〜 2 にあたる回答者は〔仙台〕が最も少なくて 40.9％，最も多い〔熊本〕が 66.7％と，明確な差が見られる。

表 3-15　機能的要素の使用数による内訳：地域別【往診】　　　単位：人

使用数	1	2	3	4	5	6	7	8
仙台	0	29	41	17	2	1	2	1
東京	0	36	53	15	11	1	0	0
京都	1	29	47	26	7	6	0	0
熊本	1	26	43	22	11	2	0	0

---

[2] 地域差の図表作成に関しては，鳥谷善史氏（天理大学非常勤講師）の御協力を得た。

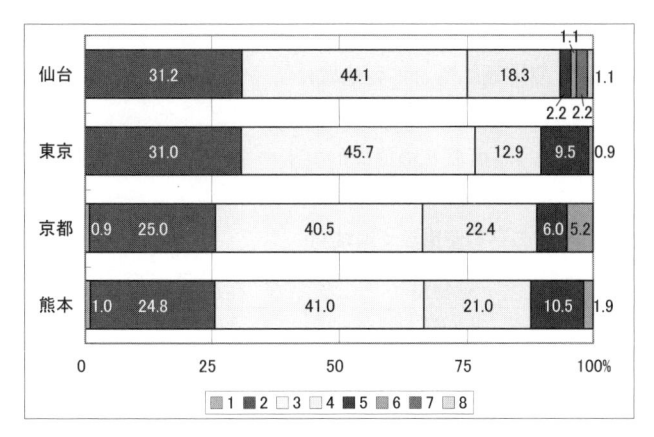

第 3 章　依頼場面での働きかけ方における世代差・地域差

	1	2	3	4	5	6	7	8
仙台		31.2	44.1	18.3	2.2	2.2	1.1	1.1
東京		31.0	45.7	12.9	9.5	0.9		
京都	0.9	25.0	40.5	22.4	6.0	5.2		
熊本	1.0	24.8	41.0	21.0	10.5	1.9		

図 3-11　地域別機能的要素数：【往診】

【往診】では，〔仙台〕と〔東京〕，〔京都〕と〔熊本〕がそれぞれ似た使用数パターンを示している。この場面では，【荷物預け】とは逆に，〔仙台〕・〔東京〕よりも〔京都〕・〔熊本〕の方が使用数がやや多い傾向になっている。

表 3-16　機能的要素の使用数による内訳：地域別【釣銭確認】　　　　単位：人

使用数	1	2	3	4	5	6
仙台	24	42	18	5	2	2
東京	25	60	22	9	0	1
京都	24	53	25	10	5	0
熊本	28	45	22	8	1	0

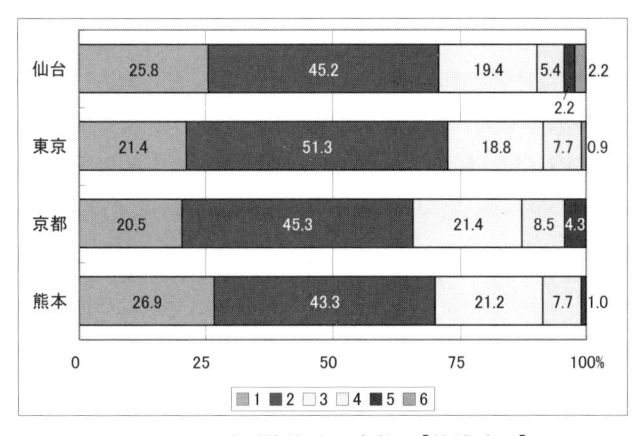

	1	2	3	4	5	6
仙台	25.8	45.2	19.4	5.4	2.2	2.2
東京	21.4	51.3	18.8	7.7	0.9	
京都	20.5	45.3	21.4	8.5	4.3	
熊本	26.9	43.3	21.2	7.7	1.0	

図 3-12　地域別機能的要素数：【釣銭確認】

【釣銭確認】は，相手の誤りを指摘し，修正を求める場面であるが，他の2場面とは異なり，使用数に関して各地域による傾向の違いはほとんど見られない。

次に，表3-17で，場面ごとの機能的要素の平均使用数を見る。

表3-17　機能的要素の平均使用数：地域別

	荷物預け	往診	釣銭確認
仙台	2.74	3.09	2.19
東京	2.50	3.03	2.16
京都	2.47	3.23	2.31
熊本	2.32	3.21	2.13

【往診】＞【荷物預け】＞【釣銭確認】の順で平均使用数が多いことは，4地域共通である。【往診】と【釣銭確認】の平均使用数の差は，〔仙台〕が0.90，〔東京〕が0.87，〔京都〕が0.92，〔熊本〕が1.08と，〔熊本〕がやや大きい。また，場面的な位置づけとして，中間にある【荷物預け】が平均使用数の上でどちらに近いかということでは，〔京都〕と〔熊本〕では【荷物預け】が明らかに【釣銭確認】に近く，三つの場面が「店員に対する依頼」（【釣銭確認】・【荷物預け】）と「医師に対する依頼」（【往診】）という形で分類される傾向が認められる。〔東京〕と〔仙台〕に関しては，上述の2地域ほどに顕著な傾向は見られないが，〔東京〕の場合，【荷物預け】はやや【釣銭確認】に近く，傾向としては〔京都〕・〔熊本〕と同様である。一方，〔仙台〕では【荷物預け】はやや【往診】に近く，「自分の都合での頼みごと」（【荷物預け】・【往診】）に対する「間違いに対する確認」（【釣銭確認】）という分かれ方になっているようである。4.1.節で観察したように，配慮の度合いと機能的要素の使用数の間に関係があるとすれば，「配慮すべき場面内容」の捉え方に地域によって微妙な差が存在するのではないかと考えられる。

5.2.　コミュニケーション機能の使用

次に，機能的要素の上位概念として設定したコミュニケーション機能の場面ごとの出現状況について4地域の比較を行う。

5.2.1. 【荷物預け】の場面

各種コミュニケーション機能の使用状況を，**表 3-18** と**図 3-13** に示す。

表 3-18 コミュニケーション機能の使用：地域別【荷物預け】　　　単位：人

	きりだし	状況説明	効果的補強	行動の促し	対人配慮	その他
仙台	36	66	15	93	28	2
東京	53	54	18	117	39	1
京都	38	56	16	116	44	2
熊本	24	50	14	105	40	2

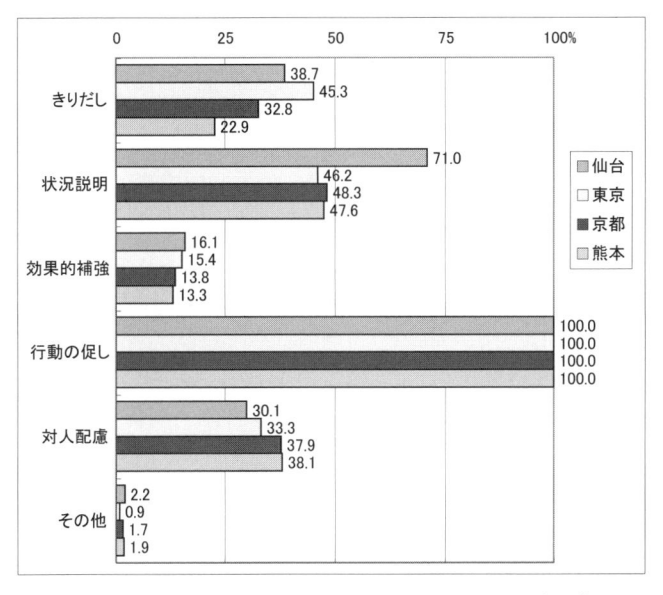

	仙台	東京	京都	熊本
きりだし	38.7	45.3	32.8	22.9
状況説明	71.0	46.2	48.3	47.6
効果的補強	16.1	15.4	13.8	13.3
行動の促し	100.0	100.0	100.0	100.0
対人配慮	30.1	33.3	37.9	38.1
その他	2.2	0.9	1.7	1.9

図 3-13 コミュニケーション機能の使用状況（4 地点比較）：【荷物預け】

　この場面に関しては，《行動の促し》と《効果的補強》についてはほとんど地域差が見られないが，《状況説明》の使用状況に違いが見られる。〔仙台〕では，《状況説明》が 71％と高い割合で使用されており，40％台である他の 3 地域に比べると，荷物を預けざるを得ない状況を説明することが顕著に多くなっている。先に見たように，〔仙台〕ではこの場面でのコミュニケーション機能の使用数が他地域に比べて多かったが，それは《状況説明》が付加されているためであることが分かる。なお，〔仙台〕は《対人配慮》の使用率が他の 3 地域に比べて低めである点も特徴的である。

《きりだし》については，〔東京〕での使用が他の地域に比べて多い。特に〔熊本〕との間では20%を超える明確な差が見られる。

5.2.2. 【往診】の場面

各種コミュニケーション機能の使用状況を，表3-19と図3-14に示す。

表3-19 コミュニケーション機能の使用：地域別【往診】　　　　　単位：人

	きりだし	状況説明	効果的補強	行動の促し	対人配慮	その他
仙台	39	90	10	93	22	3
東京	45	111	9	115	24	3
京都	61	109	7	114	20	4
熊本	61	102	5	104	25	4

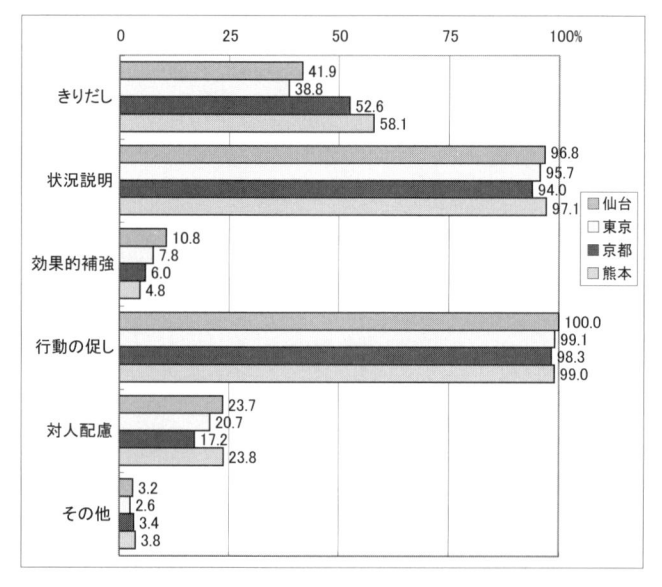

機能	仙台	東京	京都	熊本
きりだし	41.9	38.8	52.6	58.1
状況説明	96.8	95.7	94.0	97.1
効果的補強	10.8	7.8	6.0	4.8
行動の促し	100.0	99.1	98.3	99.0
対人配慮	23.7	20.7	17.2	23.8
その他	3.2	2.6	3.4	3.8

図3-14 コミュニケーション機能の使用状況（4地点比較）：【往診】

この場面では，《状況説明》と《行動の促し》の使用率が極めて高い点が，4地域に共通している。急病人の発生を知らせて往診を依頼するという場面の性格上，これは当然の結果と言えよう。

その一方で，《効果的補強》の使用率は，上述の【荷物預け】と比べて各地域で低い。この場面は1953年の第1回岡崎調査と共通の設定になっており，

その当時は開業医が往診を行うことが極めて当然のことと認識されていた。最近では，急病人が発生した場合，救急車の出動を要請したり，救急病院を利用したりすることが現実的な選択肢となってきており，往診を依頼することはほとんどない。しかし，依頼達成のための後押し的なコミュニケーション機能である《効果的補強》の使用率が低いことは，今でも往診を医師の業務の範囲内ととらえる意識が根強いことを示唆している。

《きりだし》は，【荷物預け】で使用率の低かった〔熊本〕が58.1%と最も高い使用率を示しており，場面による行動の違いが出ている。《きりだし》の使用に関しては，〔仙台〕・〔東京〕に対して〔京都〕・〔熊本〕で多いという東西差も見られる。

5.2.3.【釣銭確認】の場面

各種コミュニケーション機能の使用状況を，表3-20と図3-15に示す。

この場面では，全体的に地域差はほとんど見られない。この状況設定においては，「釣銭が間違っている」という事実を述べることが，店員に金額の再計算や不足分の支払いを求めるという促しの行為を含んでいると言ってよい。つまり，《状況説明》が《行動の促し》の機能も担っていると考えられる。そのため，《状況説明》の使用率が各地域とも90%前後に達しているのに対して，《行動の促し》の使用はいずれも30%台半ばと，格段に低い。

また，店員の間違いであることがはっきりしているという場面設定のため，《効果的補強》も4地域ともあまり使用されていない。ただし，その中でも，〔京都〕は他地域に比べて使用がやや多い。正当な釣銭を要求するという当然の行為にもかかわらず，《効果的補強》によって当該行動の遂行を確実にしようとするところに地域的な特徴が見られると言ってよいだろう。〔京都〕はまた，他地域に比べて《対人配慮》の使用率がやや低い。

表3-20 コミュニケーション機能の使用：地域別【釣銭確認】　　　単位：人

	きりだし	状況説明	効果的補強	行動の促し	対人配慮	その他
仙台	47	90	4	33	12	0
東京	61	107	4	41	14	2
京都	70	107	12	43	6	1
熊本	59	93	3	38	11	0

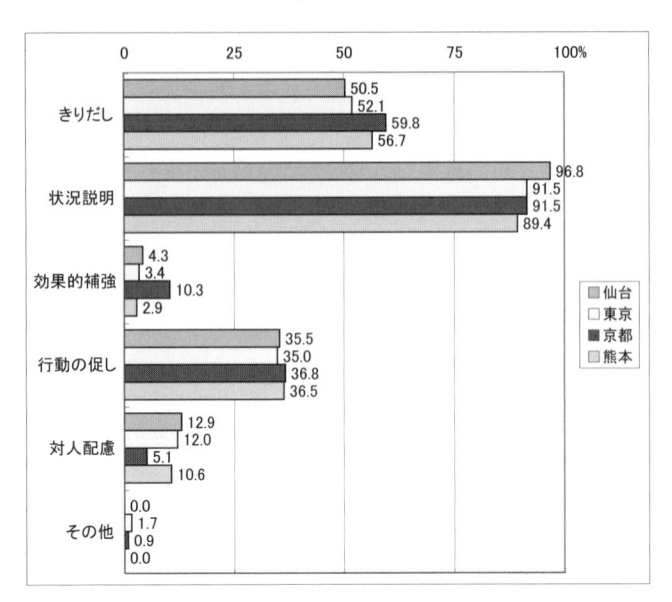

図3-15 コミュニケーション機能の使用状況（4地点比較）：【釣銭確認】

5.3. 機能的要素の使用

前節では，コミュニケーション機能の使用という点に着目しながら働きかけ方の地域差を観察してきたが，ここでは，具体的な働きかけを担っている機能的要素の使用状況を見ていくことにする。

5.3.1. 【荷物預け】の場面

各種の機能的要素の使用状況を，表3-21と図3-16に示す。

表3-21 機能的要素の使用：地域別【荷物預け】　　　　　　単位：人

	きりだし		状況説明		効果的補強	行動の促し			対人配慮	その他
	A	B	C	D	E	F	G	H	I	J
仙台	35	1	61	6	15	93	8	0	28	2
東京	52	1	49	9	18	117	3	1	39	1
京都	37	1	55	8	16	116	2	1	44	3
熊本	24	0	47	5	14	105	3	1	40	2

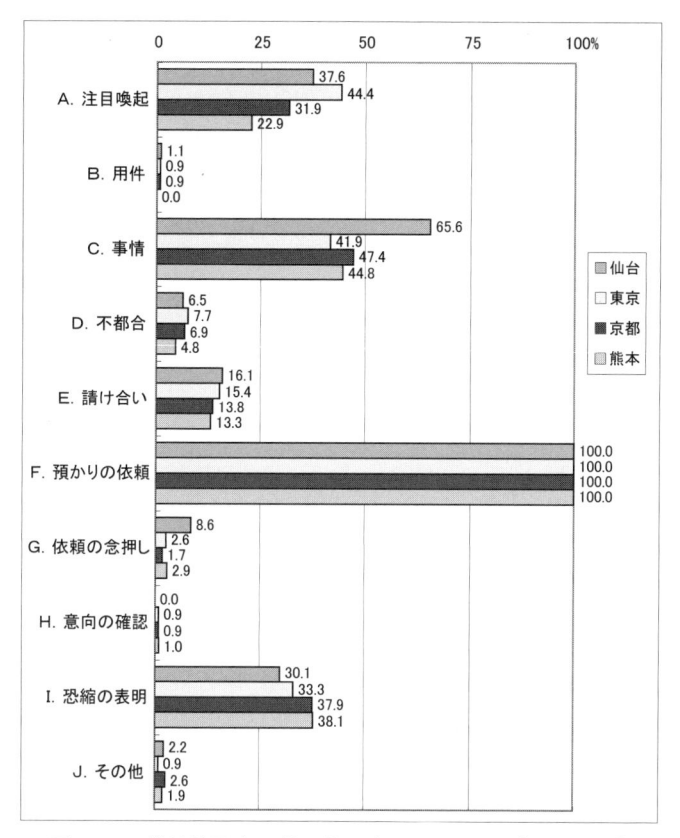

図 3-16　機能的要素の使用状況(4地点比較)：【荷物預け】

A. 注目喚起
- 仙台: 37.6
- 東京: 44.4
- 京都: 31.9
- 熊本: 22.9

B. 用件
- 仙台: 1.1
- 東京: 0.9
- 京都: 0.9
- 熊本: 0.0

C. 事情
- 仙台: 65.6
- 東京: 41.9
- 京都: 47.4
- 熊本: 44.8

D. 不都合
- 仙台: 6.5
- 東京: 7.7
- 京都: 6.9
- 熊本: 4.8

E. 請け合い
- 仙台: 16.1
- 東京: 15.4
- 京都: 13.8
- 熊本: 13.3

F. 預かりの依頼
- 仙台: 100.0
- 東京: 100.0
- 京都: 100.0
- 熊本: 100.0

G. 依頼の念押し
- 仙台: 8.6
- 東京: 2.6
- 京都: 1.7
- 熊本: 2.9

H. 意向の確認
- 仙台: 0.0
- 東京: 0.9
- 京都: 0.0
- 熊本: 1.0

I. 恐縮の表明
- 仙台: 30.1
- 東京: 33.3
- 京都: 37.9
- 熊本: 38.1

J. その他
- 仙台: 2.2
- 東京: 0.9
- 京都: 2.6
- 熊本: 1.9

　この場面で《きりだし》に含まれる機能的要素は，〈A 注目喚起〉と〈B 用件〉であるが，〈B 用件〉はほとんど用いられていない。したがって，5.2.1.節で見た地域差は，〈A 注目喚起〉の使用率の違いということになる。

　《状況説明》については，いずれの地域でも〈D 不都合〉でなく〈C 事情〉がほとんどで，依頼の際の説明としては，「かさばる」「重たい」などの自分自身の都合よりも「これからよそにまわる」などの事情を述べている。《状況説明》の使用率が目立って高かった〔仙台〕でも，具体的な働きかけとしては〈C 事情〉が使用されていることが分かる。

5.3.2. 【往診】の場面

　各種の機能的要素の使用状況を，**表 3-22** と**図 3-17** に示す。

表 3-22　機能的要素の使用：地域別【往診】　　　　　　　　　　　　単位：人

	きりだし			状況説明			効果的補強			行動の促し			対人配慮	その他
	A	B	C	D	E	F	G	H	I	J	K	L	M	N	O
仙台	35	6	1	90	2	8	6	2	2	92	2	9	1	22	3
東京	44	2	0	106	3	17	8	1	0	99	20	7	12	24	3
京都	54	9	0	108	7	19	5	1	1	108	10	6	2	20	4
熊本	56	9	2	102	3	5	2	2	1	101	5	5	1	25	4

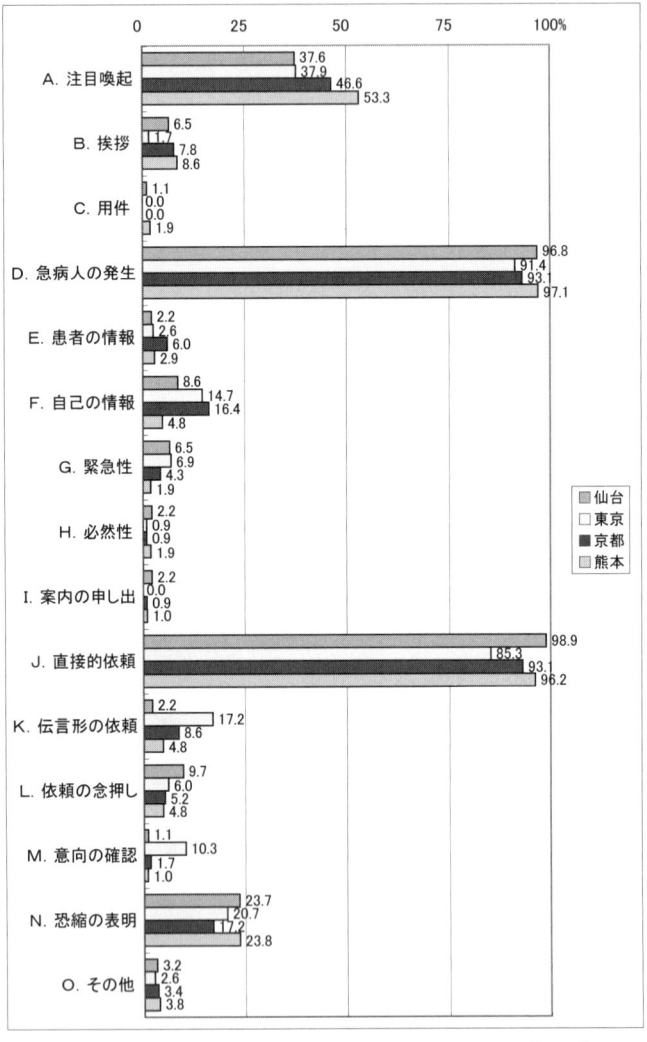

項目	仙台	東京	京都	熊本
A. 注目喚起	37.6	37.9	46.6	53.3
B. 挨拶	6.5	1.7	7.8	8.6
C. 用件	1.1	0.0	0.0	1.9
D. 急病人の発生	96.8	91.4	93.1	97.1
E. 患者の情報	2.2	2.6	6.0	2.9
F. 自己の情報	8.6	14.7	16.4	4.8
G. 緊急性	6.5	6.9	4.3	1.9
H. 必然性	2.2	0.9	0.9	1.9
I. 案内の申し出	2.2	0.0	0.9	1.0
J. 直接的依頼	98.9	85.3	93.1	96.2
K. 伝言形の依頼	2.2	17.2	8.6	4.8
L. 依頼の念押し	9.7	6.0	5.2	4.8
M. 意向の確認	1.1	10.3	1.7	1.0
N. 恐縮の表明	23.7	20.7	2.2	23.8
O. その他	3.2	2.6	3.4	3.8

図 3-17　機能的要素の使用状況（4地点比較）：【往診】

各地域とも〈D 急病人の発生〉と〈J 直接的依頼〉の使用率が極めて高く，この二つが往診を依頼する際の主要な機能的要素となっている。ただし，〔東京〕では〈J 直接的依頼〉が他地域に比べてやや少なく，代わりに「病人が診て欲しいと言っています」といった〈K 伝言形の依頼〉が多くなっている。自分のこととして頼む言い方に比べ，代理の立場を明らかにするとともに，やや心理的距離をおいた依頼の仕方と言える。なお，〔東京〕では〈M 意向の確認〉も他地域より多く見られる。〈K 伝言形の依頼〉が言語形式上，依頼よりも伝達の形をとるので，「いかがでしょうか」などの〈M 意向の確認〉によって依頼という行動目的を明確にしようとしているのではないかと考えられる。

自分の身元や立場を述べる〈F 自己の情報〉は，〔東京〕と〔京都〕で使用率が高めである。この要素は，往診の依頼という本来の目的からすると周辺的な要素と言えるが，4.3.2.節でも述べたように，依頼における自分の立場を明確にするという意味では〈K 伝言形の依頼〉と通じる性格を持つと考えられる。

なお，《きりだし》の機能的要素では〈A 注目喚起〉が圧倒的に多いが，東日本よりも西日本側の地域で使用がやや多い。また，〈B 挨拶〉が〔東京〕でほとんど使用されないという点も，地域的特徴として指摘できるかもしれない。

5.3.3. 【釣銭確認】の場面

各種の機能的要素の使用状況を，表 3-23 と図 3-18 に示す。

表 3-23　機能的要素の使用：地域別【釣銭確認】　　　　　　　　　　単位：人

	きりだし		状況説明				効果的補強		行動の促し		対人配慮		その他
	A	B	C	D	E	F	G	H	I	J	K	L	M
仙台	39	10	5	6	7	81	3	1	3	31	7	5	0
東京	49	13	5	15	8	95	3	1	7	35	14	0	2
京都	57	15	13	10	16	91	5	7	3	40	6	0	1
熊本	51	13	2	7	14	76	3	0	3	36	10	1	0

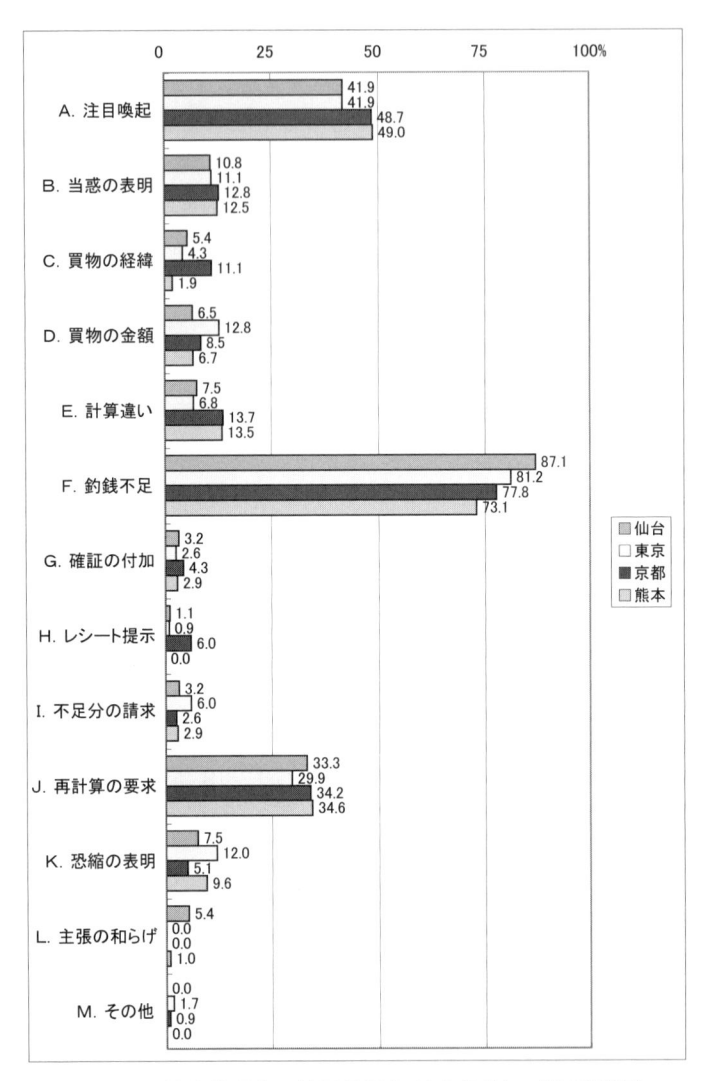

```
                    0      25      50      75    100%
    A. 注目喚起  ├─ 41.9
                ├─ 41.9
                ├──── 48.7
                ├──── 49.0
    B. 当惑の表明 ├ 10.8
                 ├ 11.1
                 ├ 12.8
                 ├ 12.5
    C. 買物の経緯 ├ 5.4
                 ├ 4.3
                 ├ 11.1
                 ├ 1.9
    D. 買物の金額 ├ 6.5
                 ├ 12.8
                 ├ 8.5
                 ├ 6.7
    E. 計算違い  ├ 7.5
                 ├ 6.8
                 ├ 13.7
                 ├ 13.5
    F. 釣銭不足  ├──────── 87.1
                 ├──────── 81.2
                 ├──────── 77.8
                 ├──────── 73.1
    G. 確証の付加 ├ 3.2
                 ├ 2.6
                 ├ 4.3
                 ├ 2.9
    H. レシート提示├ 1.1
                 ├ 0.9
                 ├ 6.0
                 ├ 0.0
    I. 不足分の請求├ 3.2
                 ├ 6.0
                 ├ 2.6
                 ├ 2.9
    J. 再計算の要求├── 33.3
                 ├── 29.9
                 ├── 34.2
                 ├── 34.6
    K. 恐縮の表明 ├ 7.5
                 ├ 12.0
                 ├ 5.1
                 ├ 9.6
    L. 主張の和らげ├ 5.4
                 ├ 0.0
                 ├ 0.0
                 ├ 1.0
    M. その他    ├ 0.0
                 ├ 1.7
                 ├ 0.9
                 ├ 0.0
```

凡例:□仙台 □東京 ■京都 ▨熊本

図3-18 機能的要素の使用状況(4地点比較):【釣銭確認】

5.2.3.節で述べたように,この場面では《行動の促し》の使用が他の2場面に比べて少ない。代わりにその機能を担っていると思われるのが《状況説明》であるが,その機能的要素としては〈F 釣銭不足〉が各地域で圧倒的に多く使用されている。ただし,全体的に使用率が高い中でも東西差が見られ,西日本よりも東日本側の地域の方が高くなっている。特に〔仙台〕と〔熊本〕では

14%の違いが見られる。いずれにしても，釣銭が不足しているという事実を述べたり，不足金額を指摘することで正しい釣銭の支払いを求めるという《行動の促し》が〈F 釣銭不足〉に含意されていると考えられる。

なお，《行動の促し》の機能的要素としては，いずれの地域でも，正しいおつりや不足金額を請求する〈I 不足分の請求〉でなく〈J 再計算の要求〉の使用が多い。これには，「店員にもう一度確かめてもらうように言うとしたら何と言いますか？」という調査質問の文言が影響を与えていると思われるが，同時に，直接的な出方よりも婉曲的な行動が好まれるということもあるのかもしれない。

5.4. 機能的要素の組み合わせ

5.1.節で機能的要素の使用数を見たが，本節ではそれぞれの場面において諸要素がどのような順序で組み合わされて言語行動が行われているのかを見ていくことにする。表3-24～3-26に，各場面の出現数1位～5位の組み合わせパターンを示す。

5.4.1. 【荷物預け】の場面

全体的なバリエーションのばらつきの度合いを見る上で，表3-24をもとに上位5位までの組み合わせパターンの占める割合を合計すると，最も大きい〔熊本〕が68.7%，続く〔仙台〕が59.2%，〔東京〕が49.5%，そして〔京都〕が35.6%と，ばらつきには少なからず地域差が見られる。

働きかけにおいて最初に出現する機能的要素に着目して出現数上位の組み合わせパターンを見ると，〔仙台〕と〔東京〕では〈A 注目喚起〉から始まる以下のパターンが比較的多く用いられている。

　＜A－F：注目喚起－預かりの依頼＞
　　例．スイマセン，荷物　アズカッテイタダケマスカ？
　＜A－C－F：注目喚起－事情－預かりの依頼＞
　　例．アノー　チョット　ヨソエマワルノデ　自転車　アズカッテモラエマスカ？

一方，〔熊本〕では〈I 恐縮の表明〉から始まる以下のパターンが比較的多く用いられており，働きかけ方に地域差が見られる。

　＜I－F：恐縮の表明－預かりの依頼＞
　　例．スマンバッテン，イットキ　オカセテクレンナ

49

表 3-24　機能的要素の使用順序：【荷物預け】（単位：%）

	仙　　台		東　　京		京　　都		熊　　本	
1位	注目喚起⇒事情⇒預かりの依頼	19.4	恐縮の表明⇒預かりの依頼	16.2	恐縮の表明⇒預かりの依頼	14.4	恐縮の表明⇒預かりの依頼	21.0
2位	事情⇒預かりの依頼	17.2	注目喚起⇒事情⇒預かりの依頼	15.4	事情⇒預かりの依頼	11.0	事情⇒預かりの依頼	18.1
3位	恐縮の表明⇒事情⇒預かりの依頼	8.6	預かりの依頼	9.4	預かりの依頼	11.0	注目喚起⇒預かりの依頼	12.4
4位	注目喚起⇒預かりの依頼	7.5	事情⇒預かりの依頼	7.5	注目喚起⇒預かりの依頼	10.2	預かりの依頼	10.5
5位	預かりの依頼	6.5	恐縮の表明⇒事情⇒預かりの依頼	8.5	恐縮の表明⇒事情⇒預かりの依頼	10.2	恐縮の表明⇒事情⇒預かりの依頼	6.7

表 3-25　機能的要素の使用順序：【往診】（単位：%）

	仙　　台		東　　京		京　　都		熊　　本	
1位	急病人の発生⇒直接的依頼	29.0	急病人の発生⇒直接的依頼	25.6	急病人の発生⇒直接的依頼	22.0	急病人の発生⇒直接的依頼／注目喚起	22.9
2位	注目喚起⇒急病人の発生⇒直接的依頼	25.8	注目喚起⇒急病人の発生⇒直接的依頼	19.7	注目喚起⇒急病人の発生⇒直接的依頼	16.9		
3位	恐縮の表明⇒急病人の発生⇒直接的依頼	6.5	自己の情報⇒急病人の発生⇒直接的依頼	7.7	恐縮の表明⇒急病人の発生⇒直接的依頼／注目喚起⇒急病人の発生⇒直接的依頼	4.2	注目喚起⇒急病人の発生⇒直接的依頼	4.8
4位	注目喚起⇒恐縮の表明⇒急病人の発生⇒直接的依頼／自己の情報⇒急病人の発生⇒直接的依頼	3.2	挨拶⇒恐縮の表明⇒急病人の発生⇒直接的依頼	1.7		3.4		
5位			注目喚起⇒注目喚起⇒急病人の発生⇒直接的依頼／急病人の発生⇒直接的依頼⇒恐縮の表明⇒直接的依頼		注目喚起⇒急病人の発生⇒直接的依頼	2.5		2.9

表 3-26　機能的要素の使用順序：【釣銭確認】（単位：%）

	仙　　台		東　　京		京　　都		熊　　本	
1位	釣銭不足	23.7	注目喚起⇒釣銭不足	20.5	注目喚起⇒釣銭不足	22.9	釣銭不足	21.9
2位	注目喚起⇒釣銭不足	22.6	釣銭不足	17.1	釣銭不足	15.3	注目喚起⇒釣銭不足	20.0
3位	注目喚起⇒釣銭不足⇒再計算の要求	7.5	釣銭不足⇒再計算の要求	7.7	注目喚起⇒釣銭不足⇒再計算の要求	7.6	釣銭不足⇒再計算の要求	6.7
4位	釣銭不足⇒再計算の要求	7.5	注目喚起⇒釣銭不足⇒再計算の要求	6.0	再計算の要求	6.8	注目喚起⇒釣銭不足⇒再計算の要求	4.8
5位	当惑の表明⇒釣銭不足	5.4	恐縮の表明⇒再計算の要求	5.1	注目喚起⇒計算違い	3.4	注目喚起⇒再計算の要求	3.8

5.4.2. 【往診】の場面

表3-25を見ると，この場面では以下の二つの組み合わせが各地域で主要なパターンとして使用されており，それ以外の組み合わせパターンはいずれも使用率10％に満たないことが分かる。

＜Ｄ－Ｊ：急病人の発生－直接的依頼＞
　例．近所ノ人ガ　急病デ　スグニ　キテホシーンデスケド
＜Ａ－Ｄ－Ｊ：注目喚起－急病人の発生－直接的依頼＞
　例．先生，○○サンガ　ニワカニ　シンドガラレテマスノデ　イッタゲテイタダケマスカ？

したがって，この場面は，前節で述べた【荷物預け】よりも組み合わせ方の定型性が顕著と言えよう。ただし，この二つのパターンの占める割合を見ると，〔仙台〕が54.8％，〔東京〕が45.3％，〔京都〕が38.9％，〔熊本〕が22.9％と，西より東の方で定型性の度合いがより高く，【荷物預け】とはまた異なる形での地域差が観察される。

5.4.3. 【釣銭確認】の場面

この場面も，表3-26に見られるように4地域共通して以下の二つのパターンが多く使用されており，働きかけ方の定型性が高い場面だと言える。

＜Ａ－Ｆ：注目喚起－釣銭不足＞
　例．スイマセン，オツリガ　チョット　タリナインデスケド
＜Ｆ：釣銭不足＞
　例．オツリ　マチガッテマセンカ？

これら2種類のパターンの出現率の合計は，〔仙台〕で46.3％，〔東京〕で37.6％，〔京都〕で38.2％，〔熊本〕で41.9％と，前節の【往診】の場面と異なり，特に地域差は認められない。

6. 考察

世代差に関し，三つの場面を通してまず観察できることは，〔若年〕よりも〔高壮年〕の方が場面による行動の使い分けをしていることであった[3]。機能

---

[3] このことに関して，配慮表明の場面による必要性の捉え方が世代によって異なることは，篠崎・小林(1997)でも指摘されている。

的要素の使用数については，〔若年〕では3場面間でほとんど差がなかったが，〔高壮年〕の場合，丁寧な場面では使用数が多くなる傾向が見られ，機能的要素を多く使うかどうかが相手や場面に対する配慮の一つのあらわれになっていると考えられる。また，〔高壮年〕ではコミュニケーション機能や機能的要素の内容にも，目的達成や対人関係に対する配慮があらわれていた。【荷物預け】のように自分の都合で頼み事をする場合や，【往診】のように遠慮のある相手に依頼をする場合は，〔高壮年〕の方が恐縮の言葉によって相手への配慮を表明したり，依頼をより効果的に達成するための働きかけを積極的に使う傾向が明確に観察された。

　世代差に関する第二の点は，〔高壮年〕の方が一つの場面の中でも個人差のある多様な働きかけの仕方をしているということであった。〔若年〕は，特定の機能的要素に使用が集中しがちであったが，〔高壮年〕では，より多くの種類の機能的要素について一定の使用率が見られた。機能的要素の組み合わせパターンに関しても同様で，若年は限られた組み合わせパターンにかなりの数の回答が集中していた。

　「働きかけの仕方」という観点に基づく今回の分析では，〔高壮年〕に比べて，〔若年〕の回答内容は特定のパターンに偏りがちであった。このことについては，特に【往診】などあまり実生活で遭遇しない場面に対してやや機械的な反応が出た可能性が考えられる。また，事前にいったん筆記回答を作ったことによって，書き言葉的に整った形の回答が出やすくなったのかもしれない。ただ，3場面を通じて〔若年〕の話のきりだしに多く見られた「すみません」は，相手に呼びかけると同時に，時には依頼に先立つ恐縮の気持ちを示唆して，円滑な対人関係をつくる決まり文句として用いられているのではないかと考えられる。

　地域差に関しては，世代差に比べて全体にあまり顕著な差は見られなかった。しかしながら，今回調査した4地域間でいくつか観察された差異は，言語行動の地域間対照を行う上で，今後の観点となり得るものを含んでいて興味深い。

　まず，機能的要素の平均使用数に関しては，【荷物預け】，【往診】，【釣銭確認】という三つの場面をどのように認識するか，すなわち医師かなじみの店員かという相手の要素，自分の頼みごとか修正の要求かという行動内容の要素という二つの分類基準のどちらが優位にあらわれるか，という捉え方の地域差が示唆された。これは，特定の場面状況に対して，どのような要因に着目した配慮を優先するかという違いになるだろう。

次に，コミュニケーション機能や機能的要素の使い方に関しては，体系的な傾向までは見出せなかったものの，場面ごとに特定の地域に特徴的な働きかけ方が観察された。たとえば，〔仙台〕における【荷物預け】での「これからよそへまわる」という事情の説明，〔東京〕における【往診】での伝言形の頼み方などである。前者は依頼をより円滑に進めるための方策の一つと考えられるが，後者については，こうした言い方がどのような考え方や判断のもとに選択されるか，ここで考える行動目的達成や相手への配慮とどのように関係し得るかは，今後さらに検討の必要がある。

7. おわりに

依頼行動における働きかけについて，世代差と地域差を観察してきたが，調査結果の分析を通して，特に調査の方法に関して今後の課題がいくつか得られた。

まず，場面設定の問題がある。回答では，特に【往診】について，〔若年〕の回答にパターンの偏りが目立った。今回の調査質問には，以前の岡崎調査をもとに設定した場面が少なくないが，時代の流れとともに，特に若年層にはなじみも経験もない場面となっていたということかもしれない。現代の暮らしの中でも，年齢層の異なる回答者が等しく経験しそうな場面を設定するのは決して容易ではないが，さらに工夫が必要と思われる。

また，今回の分析結果では，世代差に比べて地域差はそれほど顕著には見られなかった。しかし，地域による言語行動パターンの違いは存在すると考えられる。例えば，沖(1993)は，方言談話資料を用いた分析から，「道具を借りる」という場面で感謝を表す表現の使用に地域差があることを明らかにしている。そのような行動の違いは，今回のような「ここであなたは何と言いますか」式の質問よりもむしろ，同じ地域出身の話者同士でのやりとりなどの分析を通して，より顕著に見出せるのかもしれない。だとすれば，自然会話の収集やロールプレイなど，談話の形に近いデータを得るための調査方法を考える必要もあるだろう。

言語行動における配慮は，待遇表現の選択などの単一のレベルにとどまらず，本章で見たコミュニケーション機能や機能的要素の数や選択，連鎖の仕方など，複数の要因の組み合わせとして表される。ここでは，それらの組み合わせに世代差や地域差が存在することを確認した。今回の分析は言語表現の側面に限ら

れたが，今後はパラ言語や非言語行動も含める方向で，より多角的な視点から，言語行動における配慮の世代差・地域差について知見を深めていくことが重要であろう。

第4章　依頼・勧めに対する受諾における配慮の表現

尾崎喜光

＜要旨＞

　役員を引き受けるよう依頼されて受諾する，相手の家で食事を勧められて受諾する場面を取り上げ，面接調査の発話データ中に，受諾を明示する動詞・授受表現・謙遜表現・恐縮表現等がどのように現れるかを中心に分析した。

　受諾を明示する本動詞を使用した回答者は両場面とも約7割であったが，その内訳は，役員受諾では「ヤル系」「スル系」が，食事受諾では自分の側を低くする「イタダク系」「ゴチソーニナル系」がそれぞれ多かった。

　本動詞に下接する補助動詞としての授受表現を使用した回答者は，役員受諾で約2割，食事受諾では数％にとどまり，全体としてはいずれも少ない。役員受諾で授受表現が使用される場合は，授恵表現（「アゲル」「ヤル」）よりも受恵表現（「イタダク」「モラウ」）の方がはるかに多かった。

　役員受諾で謙遜表現を，食事受諾で恐縮表現を使用した回答者はともに約3割であった。全体としては少数ながらも，相手への配慮としてこれらを用いている人が確かにいることが確認された。

1.　はじめに

　本章では，相手から受けた依頼や勧めに対し「受諾」を言う場面を取り上げ，相手への配慮と目される各種の表現が，面接調査で得られたデータ中にどのように出現するか，またそうした表現が相手への配慮という点で話者にどのように意識されているか等について，その傾向を分析する。なお，勧めには，勧めた本人が実質的負担を負うものとそうでないものとがあるが，ここでは前者の場合を考える。すなわち，相手による実質行動の提供を勧められ，それを受ける場面を考える。

　「受諾」は，相手から自分に向けられた期待や好意をそのまま受け入れることを伝える言語行動である。そのため，第3章で取り上げた「依頼」のように相手に負担を強いることもなく，また第5章で取り上げる「断り」のように相

手との関係にひびを生じさせる危険性も少ない。直接的な形で対人関係に摩擦が生じる可能性は比較的小さな場面と言えよう。

　しかしながら，低姿勢で依頼してくる相手の依頼を受諾する場合，言い方によっては，相手の低姿勢を結果的に肯定し，相手に「恩着せがましい」という印象を与えることがある。自分を低くし相手を高く持ち上げることが人間関係の望ましいあり方と意識される傾向の強い日本社会においては，このような印象を与えてしまうことは回避され，相手からの依頼を受諾する際には，しばしば「謙遜」の態度が言語面で明示される。たとえば，「自分には本来その依頼を引き受けて全うするだけの優れた能力は無い」という趣旨の注釈を加えたり，「引き受けさせていただきます」のような授受表現を使用して「依頼を引き受けることは自分にとってありがたいことである」という態度を示したりする。

　また，相手からの勧めを受諾することは，相手が了解していることとはいえ結果的に相手に負担を強いることとなり，言い方によっては「あつかましい」という印象を与えることがある。そのため，自分の側が原因となり相手に負担を負わせることは回避すべきだとする規範意識の強い日本社会においては，勧めを受諾する場合には，「申し訳ない」や「恐れ入ります」のような恐縮表現をしばしば添えて，相手に負担を負わせることを不本意と考えていることを表す。

　これらはいずれも相手に対する対人的配慮と考えられる。

　そこで本章では，受諾場面において，受諾を明示する述部の「授受表現」の使用がどうであるか，また「謙遜表現」や「恐縮表現」の使用がどうであるかを中心に，二つの場面を比較しつつ検討していくことにする。

2. 分析対象とする受諾場面

　面接調査には二つの受諾場面がある。

　一つは，役員を引き受けるよう依頼され，それを受諾する場面である（以下【役員受諾】と呼ぶ）。もう一つは，相手の家で食事を勧められ，それを受諾する場面である（以下【食事受諾】と呼ぶ）。言うまでもなく，前者が依頼に対する受諾，後者が勧めに対する受諾である。本章ではこれらを分析対象とする。

　調査で用いた質問文は次のとおりである。

第4章　依頼・勧めに対する受諾における配慮の表現

【役員受諾】
> 老人クラブや町内会などの相談で役員がなかなか決まらなかったとします。その時，他の人からその役員を引き受けてほしいと何度も頼まれて，引き受けるとしたら，どんなふうに言いますか？　　　（面接調査票　問7.1.）

　＊高校生の調査では，「老人クラブや町内会」は「部活動」とした。

【食事受諾】
> あなたが親しい人の家を訪問したとき，用意してあった食事を相手から勧められたとします。それを受入れるとしたらどんな言い方をしますか？
> （面接調査票　問12.2.）

　＊高校生の調査では，「親しい人」は「友達」とした。
　＊訪問していきなり勧められるのではなく，しばらくして食事どきになったので勧められたということが，直前の問12.1.との関連でわかるようになっている。

発話回答の例を一つずつ示すと次のようである。
【役員受諾】ショーガナイ，ワタシデヨケレバ　ヤリマス。
【食事受諾】イーノー？　ソレジャー遠慮ナク　イタダキマス。
本章では，二つの場面について，次の3点に注目しつつデータを分析する。
　①受諾を明示する述部の表現（特に本動詞と補助動詞の授受表現）
　②謙遜表現（依頼に対する受諾）と恐縮表現（勧めに対する受諾）
　③受諾場面における表現の使い分けの基準に関する意識

①は，補助動詞として現れうる授受表現が主たる注目点となるが，その直前の本動詞もあわせて分析する。②は，受諾を明示する述部以外の箇所において，自分の側を謙遜して低めたり，相手に負担を負わせることを不本意と考えていることを表明するものである。いずれも述部以外で，受諾者の低姿勢を示すという共通点を持った表現と考えられるので，あわせて分析する。③は，発話データそのものではないが，それに付随して得られた自由コメントの中から，受諾場面で何を基準として表現を使い分けているのかについて言及したコメントを抽出し，使い分けの基準をさぐる試みをしたものである。

なお，【役員受諾】と【食事受諾】は，依頼に対する受諾か，それとも勧めに対する受諾かと言う点で大きく異なるが，設定した場面の改まりの度合いの点でも多少異なる。【役員受諾】は，町内会や老人クラブ，高校生の場合は部活動の集まりでの受諾だが，気心が知れた隣人同士，知人や友達同士の間柄とは言え，ある程度公式な場面であり，扱う話題も「役員選出」という公的性質

が強く，かつ多少深刻な話題でもある。従って，回答者は，どちらかと言えば改まった場面，緊張を伴う場面をイメージして回答した人が少なくないと推測される。一方，【食事受諾】は，親しい者同士の私的な場面であり，話題の深刻さもほとんどなく，リラックスした場面をイメージして回答した人が少なくないと推測される。分析の際は，こうした改まり性の違いにも留意する必要がある。

3. 分析対象とするデータ

データの分析に進む前に，本章で分析対象とするデータ数について，地域別・年齢層別に改めて示すと表4-1のとおりである。地域は4地点(仙台，東京，京都，熊本)，年齢層は2層(若年層と高壮年層)とした。若年層は高校生，高壮年層はおおよそ30歳代以上である。回答者の合計人数は432人である。

表4-1　分析対象とする回答者数　　　　　　　　　　　　　　（数値は人数）

	仙台		東京		京都		熊本	
	若年層	高壮年層	若年層	高壮年層	若年層	高壮年層	若年層	高壮年層
男性	26	16	24	26	17	22	26	24
女性	24	27	30	37	33	45	24	31
計	50	43	54	63	50	67	50	55

回答者には，調査員のもとに2～3名ずつ集まってもらい，調査票に記載された場面を調査員が口頭で提示し，そうした場面において回答者がふだん使っていると意識する表現を発話の形で求めた。集合調査ではあるが，発話回答は回答者一人一人から得た。調査で回答が複数得られた場合は，分析の段階では，原則として第1回答を分析対象とした。ただし，【食事受諾】については，相手との関係別に回答が得られた場合，質問文で「あなたが親しい人(高校生では「友達」)の家を訪問したとき」と指示しているため，たとえ第2回答以下であっても，親しい人(友達)との間での回答が得られた場合は，それを優先して分析対象とした。

4. 分析
4.1. 受諾を明示する述部の表現

本節では，受諾を明示する述部がどのような表現で現れる傾向があるかを分析する。

ここで最も注目されるのは,「〜テイタダキマス」のような補助動詞に見られうる授受表現の出現状況だが,【食事受諾】では「イタダキマス」のように,本動詞の部分にも授受表現が現れうる。その出現状況を見ること,また補助動詞を分析する際の基礎情報として本動詞にどのような表現が現れやすいかを把握するため,まずは前接する本動詞を分析する。

4.1.1. 受諾を明示する述部の本動詞
4.1.1.1. 全体的傾向

受諾を明示する述部の本動詞を分析したところ,【役員受諾】については図4-1,【食事受諾】については図4-2の結果が得られた。

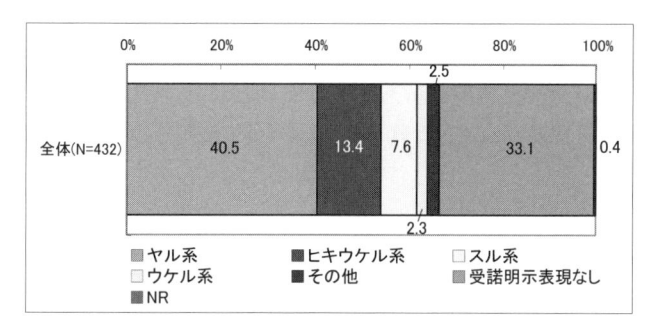

図4-1 受諾を明示する述部の本動詞【役員受諾】(全体)

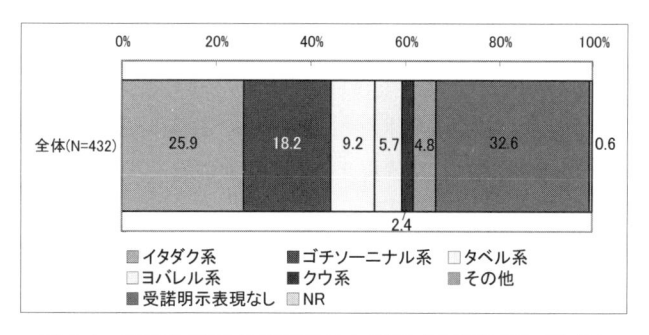

図4-2 受諾を明示する述部の本動詞【食事受諾】(全体)

【役員受諾】も【食事受諾】も,「受諾明示表現なし」が約3割と少なくないことがまず注目される。具体的には,【役員受諾】では「イーヨ」「ワカリマシタ」「シャーナイナー」「ドナタモイラッシャラナケレバ」「今回ダケヨ」のよ

うな表現，【食事受諾】では「ワルイナー」「ジャー，オ言葉ニアマエテ」「アリガトー」のような表現である[1]。後出の4.2.3.節では，【役員受諾】の場面について，謙遜表現だけでとどめ明示的な述部（本動詞）を言わない表現についての回答者の評価を分析している。ここで言う「受諾明示表現なし」の一つと言えるが，「礼儀正しい」「角が立たない」とまとめることのできる肯定的評価を伴うコメントが見られた。おそらくここでも，そのような意識により受諾を明示する表現を使わない回答者がいたと思われる。

　逆に，受諾明示表現を使った回答者はいずれも約7割いた。全体としては多数派である。それぞれの内訳を次に見てみよう。

　【役員受諾】（図4-1）では「ヤル系」が全体の約4割を占め最も多い。役員の依頼を受諾する際は，「ヤリマス」「ヤルヨ」「ヤッテモイーヨ」のような「ヤル」を含む表現を用いることが最も一般的であることがわかる。この「ヤル」に意味的に近い「スル系」も1割近く見られる。「ヤル系」と「スル系」には目だった男女差・地域差は見られないが，年齢差は顕著に見られる。両表現を対比すると，高壮年層はどちらかに偏ることもあまりなく両者を用いているのに対し（「ヤル系」31人，「スル系」24人），若年層はほとんどが「ヤル系」である（「ヤル系」94人，「スル系」2人）。両表現とも授受表現（補助動詞）や丁寧語を後接しうる点では異なるところがないことを考えると，それらの使用／不使用との連動で，若年層では「ヤル系」が使用されやすいという可能性は少ない。むしろ原因は動詞そのものの性質にありそうだ。『日本国語大辞典　第二版』（2002年，小学館）の「やる」の項を見ると「ある動作や行為をする。『する』よりも俗な言い方」と説明されているように，「する」に比べ「やる」には，より口語的で低い文体のニュアンスが多少伴うようである。そのため，成人と比べ一般にそうした表現を用いる傾向のある若年層で多用されたものと考えられる。

　この他，【役員受諾】で比較的多い表現は「ヒキウケル系」であり，13％ほどいる。数値は小さいが「ウケル系」もこれに関連する表現である。

　結局，【役員受諾】で本動詞が使われる場合は，受諾することを「行なう」と

---

[1] このうち「イーヨ」「ワカリマシタ」などは，実質的に受諾を明示する表現として機能していると言えるかもしれないが，応答詞的な性質を持つ表現であるため（「イーヨ」は動詞でないという事情もある），ここでは含めないこととした。すなわち，該当する動詞を見ただけで，役員を引き受けること，食事を食べることが了解される表現のみをここでは「受諾明示表現」とした。

いわば自発的に表現する「ヤル系」「スル系」，ないしは「引き受ける」といわば応答的に表現する「ヒキウケル系」「ウケル系」でほぼ全体が占められることがわかる。

これに対し【食事受諾】(図4-2)は，受諾明示表現が使われた場合，「イタダク系」が最も多く約26％，これに「ゴチソーニナル系」が18％で次ぐ。これらは好意を受ける自分の側を低くする表現であり，特に「イタダク系」は授受表現(この場合は受ける側を主体としかつ低めた受恵の表現)そのものである[2]。数値は6％と低いが，「ヨバレル系」も同類の表現と見ることができる。そうした姿勢を特に持たない「タベル系」「クウ系」の数値がいずれもずっと低いことを考えると，【食事受諾】の場面では，受諾明示表現が使われる場合，自分を低めた表現を用いることが相手に対する配慮の基本となっていると言える。

なお，【役員受諾】については，受諾を明示する述部を言わずに省略する言い方についての評価を，本設問の直後に質問している。ただし，謙遜表現の使用とも関連付け，「私でよければ」のような謙遜表現を直前に伴うという条件で尋ねている。そこで，この結果については，謙遜表現を分析する箇所(4.2.3.節)において報告することにする。

以上が全体としての基本的傾向である。次に，回答者の属性別に傾向を見ていこう。

4.1.1.2. 回答者の属性別に見た傾向
(1) 【役員受諾】の場合

まず，【役員受諾】について，年齢層別，地域別，性別に見ると，図4-3，図4-4，図4-5の結果が得られた。なおここでは，具体的な表現(動詞)が現れた場合に，回答者の属性によりどのような表現が現れやすいかを見ることにウェイトを置くことにする。そのため，全体の傾向を示した図4-1の「受諾明示表現なし」および「NR」を除く部分を，回答者の属性別に構成比で示すことにする。グラフ中の「N=125」などは，具体的表現が得られた回答者の数である。

---

[2] 「イタダク系」以外の授受表現としては，グラフでは「その他」に含めた「モラウ」「チョーダイスル」がある。いずれも使用は少ないが，属性による偏りがやや見られる。年齢層別に見ると，「モラウ」は若年層，「チョーダイスル」は高壮年層に限られる。地域別に見ると，京都は「モラウ」「チョーダイスル」がそれぞれ1割前後いて他より多い。性別に見ると，「モラウ」は男性に，「チョーダイスル」は女性にやや傾く。

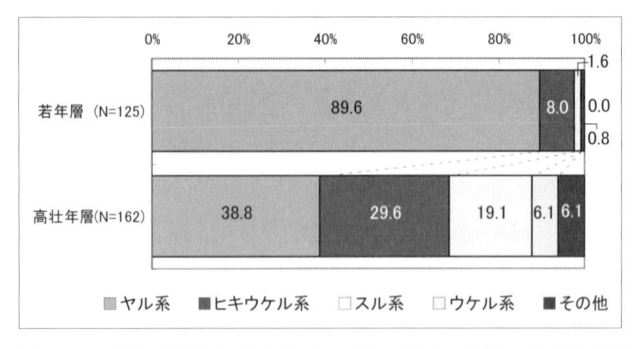

図4-3 受諾を明示する述部の本動詞【役員受諾】(年齢層別)

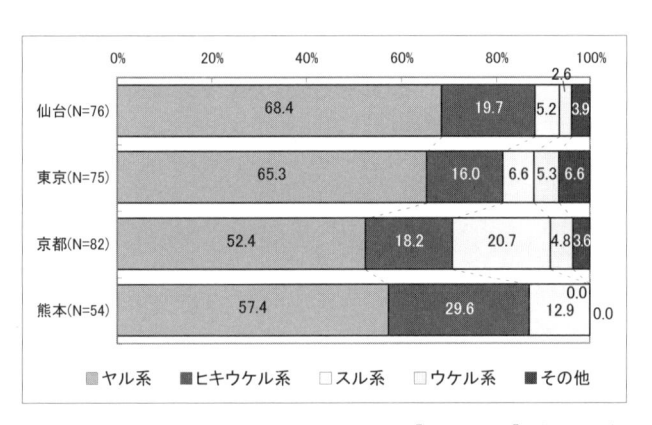

図4-4 受諾を明示する述部の本動詞【役員受諾】(地域別)

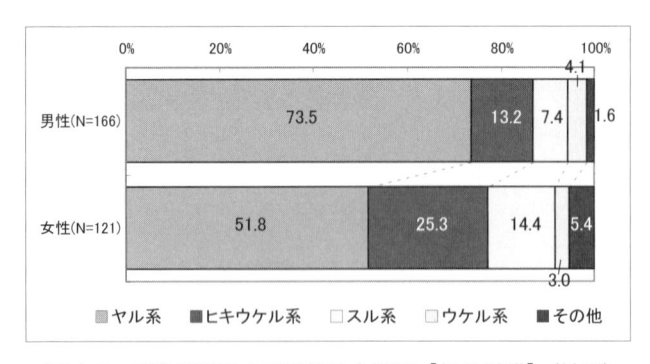

図4-5 受諾を明示する述部の本動詞【役員受諾】(性別)

図4-3により年齢層別に見ると，どの年齢層でも「ヤル系」が最も多いことがわかる。ただし，年齢層による違いが著しい。高壮年層は，「ヤル系」に次ぐ「ヒキウケル系」「スル系」との差は傾向的な違いにとどまると言えそうだが，若年層では「ヤル系」が9割を占め，他の表現はあまり使われていない。「ヤル」に内包される口語性・低文体性が，若年層で一層支持されるためと考えられる。これについては先にも言及したとおりである。

　図4-4により地域別に見ると，どの地域でも「ヤル系」が最も多く，5割〜7割を占める。これに次ぐのは「ヒキウケル系」で2割〜3割を占める。ただし京都は「スル系」も少なくなく約2割見られる。他の地域では，「スル系」は約1割かそれ未満であることを考えると，京都での「スル系」の使用は相対的に高く，注目される。京都でも絶対数として最も多いのは「ヤル系」であることについてはすでに述べたとおりであるが，他の地域との相対的な関係として見るならば，「ヤル系」の勢力はやや弱く，逆に「スル系」が強い。京都（あるいはもっと広く関西か）では，他の地域と比べ「ヤル系」よりも「スル系」が用いられやすいという一般的な地域差があるいはあり，その反映である可能性もあるが，明確な原因は現在のところわからない[3]。

　「ヒキウケル系」の数値が，熊本は他地域よりも相対的に高く約3割を占める点も注目される。「ヤル系」「スル系」と比べ「ヒキウケル系」には，その語形に「ウケル」が含まれているため，相手の依頼が先にありそれに応じるのだという応答的なニュアンスが伴う。単なる自分だけの行為ではなく，相手とのやり取りの中でのこととして当該の行為を行なうのだという，相手との関係性を意識した表現を好む傾向が，他地域より強いのかもしれない。また，「ヒキウケル系」は，相手の依頼を確かに聞き入れたという了解性・明示性が，「ヤル系」「スル系」よりも強いようにも感じられる。そうした明確な表現を，熊本は他地域よりも好む傾向もあるのかもしれない。いずれにしてもその原因は，現段階では推測にとどまる。今後の精査が望まれる。

　最後に，図4-4により性別に見てみよう。「ヤル系」が最も多いことは男女に共通するが，相対的に言えば，男性は女性よりも「ヤル系」がより多い傾向が見られる。「ヤル系」が持つ口語性・低文体性は，女性より男性により好ま

---

[3] 国立国語研究所(1991)の第70図「する（終止形）」の解説（別冊『方言文法全国地図解説2』）によると，「スル」の語彙的レベルでのバリエーションとして「ヤル」が8地点から得られている（地図では不採用の扱いとされている）。ただし，8地点の分布を見ると，特に関西に多いというような傾向は認められない。

れる，あるいは社会的により許容されるためと考えられる。女性で「ヤル系」に代って数値が相対的に高くなるのは「ヒキウケル系」「スル系」である。

(2) 【食事受諾】の場合

次に，【食事受諾】について，年齢層別，地域別，性別に見ると，図4-6，図4-7，図4-8の結果が得られた。ここでもグラフは，図4-2の「受諾明示表現なし」および「NR」を除く部分を，属性別に構成比で示した。

図4-6により年齢層別に見ると，若年層は「イタダク系」，高壮年層は「ゴチソーニナル系」が最も数値が高い。ただし高壮年層は「イタダク系」も少なくない。いずれも自分を低めた表現という共通点を持つが，若年層は「イタダク系」，高壮年層は「ゴチソーニナル系」がより一般な表現である。数値は低いが，高壮年層には，やはり自分を低めた表現として「ヨバレル系」も見られる。この表現は若年層では使われておらず，高壮年層に特徴的な表現と言える。これに対し，そうした姿勢を特に持たない「タベル系」「クウ系」は，全体としては若年層も高壮年層も少数派であるが，両年齢層の相対的な関係として見るならば，そうした表現の使用は若年層に多い。高壮年層に比べ若年層は，自分を特に低めない表現の使用が相対的に多いと言える。

図4-7により地域別に見ると，どの地域も「イタダク系」ないしは「ゴチソーニナル系」が優勢であることがわかる。ただし，仙台・東京・熊本は構成比の分布が相互に比較的似ており顕著な地域差は見られないのに対し，京都のみ他と異なる点がある。最も大きな違いは，「ゴチソーニナル系」の数値が相対的に低く，逆に「ヨバレル系」の数値が高くなっている点である。この「ヨバレル系」は，仙台や東京ではほとんど使われていない。いずれも自分を低めた表現ではあるが，「ヨバレル系」は京都を中心に使われる傾向の強い表現と言えそうだ。年齢差の結果と合わせて考えると，京都の高壮年層に多い表現と言えよう。

図4-8により性別に見ると，男女とも「イタダク系」が最も多く，次いで「ゴチソーニナル系」が多い。いずれも自分を低めた表現である。これらに，そうした姿勢を特に持たない「タベル系」が続く。これらの序列は男女で共通するが，相対的な関係として見るならば，女性は男性よりも「イタダク系」「ゴチソーニナル系」が優勢であり，逆に男性は女性よりも「タベル系」が優勢である。男性にはこの他「クウ系」も1割近く見られるが，女性にはこの使用はほとんど見られない。全体としては，男性も女性も自分を低めた表現が優

第4章　依頼・勧めに対する受諾における配慮の表現

勢であるのだが，相対的に見るならば，そうした表現の使用は女性においてより優勢であると言える。

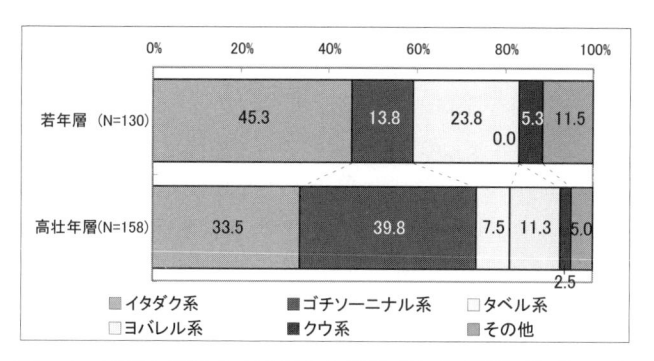

図 4-6　受諾を明示する述部の本動詞【食事受諾】（年齢層別）

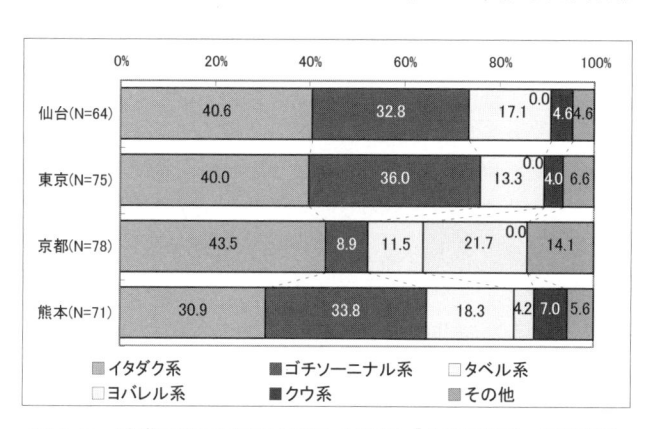

	イタダク系	ゴチソーニナル系	タベル系	ヨバレル系	クウ系	その他
若年層（N=130）	45.3	13.8	23.8	0.0	5.3	11.5
高壮年層（N=158）	33.5	39.8	7.5	11.3	2.5	5.0

図 4-7　受諾を明示する述部の本動詞【食事受諾】（地域別）

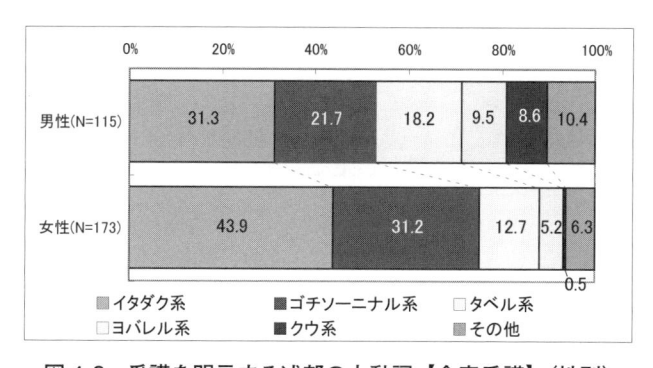

	イタダク系	ゴチソーニナル系	タベル系	ヨバレル系	クウ系	その他
仙台(N=64)	40.6	32.8	17.1	0.0	4.6	4.6
東京(N=75)	40.0	36.0	13.3	0.0	4.0	6.6
京都(N=78)	43.5	8.9	11.5	21.7	0.0	14.1
熊本(N=71)	30.9	33.8	18.3	4.2	7.0	5.6

図 4-8　受諾を明示する述部の本動詞【食事受諾】（性別）

	イタダク系	ゴチソーニナル系	タベル系	ヨバレル系	クウ系	その他
男性(N=115)	31.3	21.7	18.2	9.5	8.6	10.4
女性(N=173)	43.9	31.2	12.7	5.2	0.5	6.3

4.1.2. 受諾を明示する述部の補助動詞(授受表現)
4.1.2.1. 全体的傾向

　次に，4.1.1.節で見た動詞の直後に現れうる補助動詞(授受表現)の出現状況を見てみよう。最も期待される補助動詞は「(～テ)イタダク」「(～テ)モラウ」などであるが，【役員受諾】の場合は，親しい間柄であれば「(～テ)アゲル」「(～テ)ヤル」など受け渡しの方向が逆の表現も期待される。具体的には，【役員受諾】であれば「ヒキウケサセテイタダキマス」「ヤラセテモライマス」や「ヒキウケテアゲルヨ」「ヤッテヤルヨ」など，【食事受諾】であれば「タベサセテイタダキマス」などである。【食事受諾】では「タベテヤルヨ」なども表現自体としては存在するが，この場面での使用はほとんど期待されない。

　まず，語形の違いはしばらく置き，そもそも授受表現が使われていたか否かという点から分析した。【役員受諾】については図4-9，【食事受諾】については図4-10の結果が得られた。なお，凡例の「受諾の述部なし」は，「イーヨ」「ワカッタ」「シャーナイナー」「期待ニソエルカワカラナイケド，オネガイシマス」のように，そもそも述部の動詞が表現されていない回答である。すなわち，補助動詞の授受表現の有無が問題となりえない回答であるが，まずは全体の状況を見るため，ここでは除外せずに示した。また，【食事受諾】では，すでに本動詞で「イタダク系」の授受表現が用いられている場合，「イタダカセテイタダキマス」や「イタダカセテモライマス」などは授受表現が重複しやや不自然な表現となるため補助動詞で授受表現が用いられないということも考えられる。そこでここでは，「本動詞にあり」(補助動詞にはない)として区別して示した。

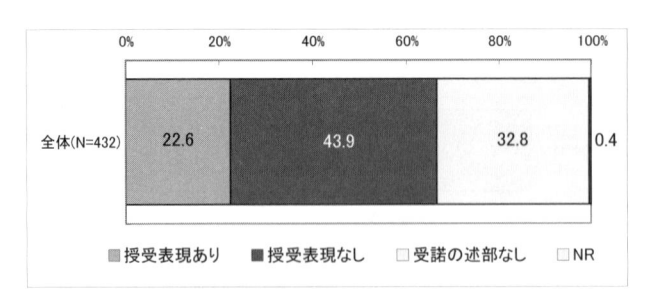

図4-9　述部の補助動詞における授受表現の有無【役員受諾】(全体)

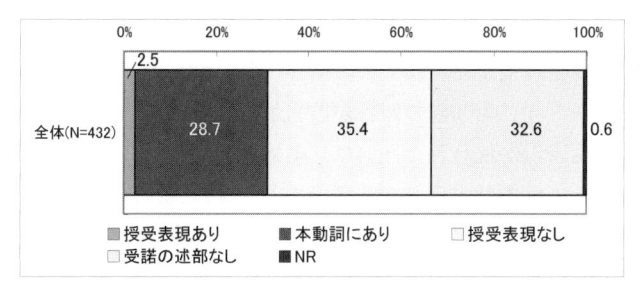

第4章　依頼・勧めに対する受諾における配慮の表現

```
            0%    20%   40%   60%   80%   100%
          ┌─2.5─┬──────┬──────┬──────┬──────┐
全体(N=432)│ 28.7 │ 35.4 │ 32.6 │0.6│
          └─────┴──────┴──────┴──────┘
  ■授受表現あり    ■本動詞にあり    □授受表現なし
  □受諾の述部なし  ■NR
```

図 4-10　述部の補助動詞における授受表現の有無【食事受諾】(全体)

　図 4-9 により【役員受諾】の場合をまず見ると，授受表現を用いた回答者は約 2 割いることがわかる。「受諾の述部なし」が約 3 割いるが，これを除く部分で再集計すると約 3 割となる。【役員受諾】のような場面で補助動詞に授受表現を用いる人は，全体としては少ないと言える。

　授受表現を，恩恵を受ける受恵表現と，逆に恩恵を与える授恵表現に分けて分析したところ，受恵表現が約 8 割，授恵表現が約 2 割であった。多くの場合は受恵表現が使われている(後出の図 4-11 も参照)。

　授受表現(特に受恵表現)の使用は，全体としては少ないのであるが，役員を受諾することは，本来受け手側の利益になるわけではないのだから，理屈で考えれば，ここで授受表現(特に受恵表現)を用いるのは道理にあわない。それにも関わらず，全体としては少数派であるとは言え，このような場面で授受表現を用いるということは，依頼者(さらには回りにいる関係者)に対する配慮(相手より自分を低めたり慎み深く接する配慮)の現れと考えられる。

　一方，図 4-10 により【食事受諾】の場合を見ると，補助動詞で授受表現を用いた回答者は非常に少ないことがわかる。使用された場合の具体的表現は「タベサシテモラウケン」「ヨバレサシテモライマス」「ヨバラサシテイタダキマス」などである[4]。【役員受諾】と異なり【食事受諾】は受け手の利益にな

---

[4] 内訳を簡単に示すと次のとおりである(件数が少ないためグラフで示すことは省略)。全体は，「モラウ」7 件，「イタダク」4 件であり，「ヤル」や「アゲル」は見られない。私的な場面であるためか，自分を低める「イタダク」は相対的に少ない。年齢層別では，若年層は「モラウ」5 件，「イタダク」4 件，高壮年層は「モラウ」2 件，「イタダク」0 件であり，分布に顕著な年齢差は見られない。地域別では，仙台は「モラウ」0 件，「イタダク」1 件，東京は「モラウ」0 件，「イタダク」2 件，京都は「モラウ」4 件，「イタダク」1 件，熊本は「モラウ」3 件，「イタダク」0 件であり，西日本は「モラウ」にやや傾くか。性別では，男性は「モラウ」3 件，「イタダク」1 件，女性は「モラウ」4 件，「イタダク」3 件であり，男性は「モラウ」に傾くか。

るのだが，それにも関わらず補助動詞での授受表現が少ない最大の原因は，本動詞ですでに授受表現が使われている回答（グラフの「本動詞にあり」）が少なくないためであろう。約3割の回答が該当する。それも含めて考えれば，【食事受諾】で授受表現が使われた回答は，全体としては約3割，「受諾の述部なし」を除く部分で再集計すると約5割である。【役員受諾】と比較すれば，いずれの集計においても数値は高めとなる。本動詞まで含めて考えた場合，授受表現の使用は，依頼を受ける【役員受諾】の場面よりも，勧めを受ける【食事受諾】の場面の方が多い。

補助動詞に授受表現を用いる人が約2割いた【役員受諾】について，その内訳を示すと図4-11，図4-12，図4-13，図4-14のとおりである。

図4-11によりまず全体的傾向を見てみよう。

得られた表現は「イタダク」「モラウ」「アゲル」「ヤル」「クダサル」であった。このうち最後の「クダサル」は相手を主体とした表現だが（具体的には「オテツダイサシテクダサイ」），実際の使用は非常に少ない。役員を引き受ける者が話し手であるので当然だが，こうした場面では話し手を主体とした表現が一般的である。

残りの四つの表現のうち，「イタダク」と「モラウ」は恩恵を受けることの表現（受恵表現），「アゲル」と「ヤル」は逆に恩恵を与えることの表現（授恵表現）である。この場面は，自分から進んで役員をするのではなく，相手から頼まれて引き受けるわけであるから，論理的に考えれば「アゲル」「ヤル」が使われてよいところである。しかしながら，これらの表現の使用は合計しても約2割にとどまり，むしろ理屈からすると不合理な「イタダク」「モラウ」が合計約8割と圧倒的に多い。役員を引き受けることを光栄なことと考えて「イタダク」「モラウ」を使った回答者がいた可能性も無しとはしないが，回答者には仕方なく引き受ける状況を提示したことを考えると，回答者の本心からというよりも，相手との関係に配慮してこうした受恵表現を使ったものと考えられる。逆に言えば，自分を低め相手を高める「サシアゲル」であっても（「ヤッテサシアゲマス」などとなる），恩恵を与えることを示すことになるため，ここでは使われにくいのであろう。実際に使用は皆無であった。もし授恵表現を使うのであれば，それは率直に物の言える間柄においてであろう。授恵表現が使われた場合，上下関係が伴う「アゲル」よりも対等な関係を示す「ヤル」の方が優勢なのも，そうした事情によるのであろう。これに

対し受恵表現は，実際上はともかく，形の上では相手を恩恵を与えてくれる人物として表現するわけであるから，自分を低めて上下関係を生み出す「イタダク」の方が，そうした関係を特に生み出さない「モラウ」よりも，表現上の調和が取れる。受恵表現で「モラウ」より「イタダク」の方が数値が高いのは，そうした事情によるのであろう。

次に，回答者の属性別に，おもな特徴を見てみよう。

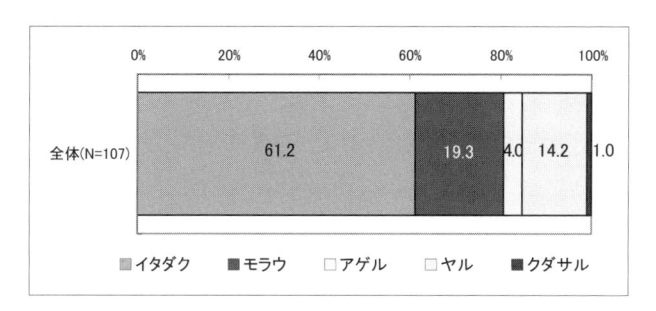

図 4-11　述部の補助動詞における授受表現【役員受諾】（全体）

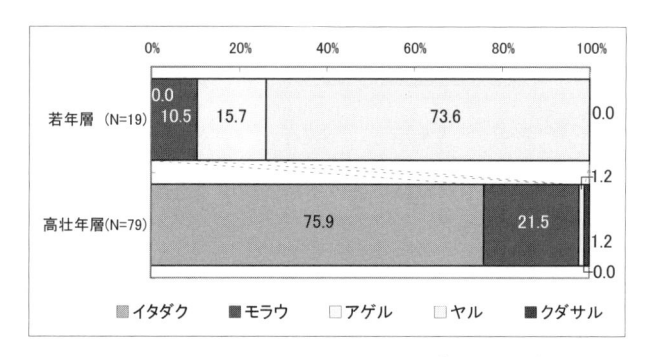

図 4-12　述部の補助動詞における授受表現【役員受諾】（年齢層別）

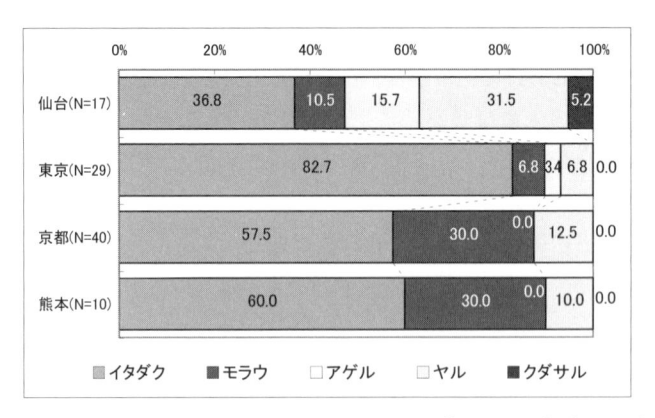

図 4-13　述部の補助動詞における授受表現【役員受諾】（地域別）

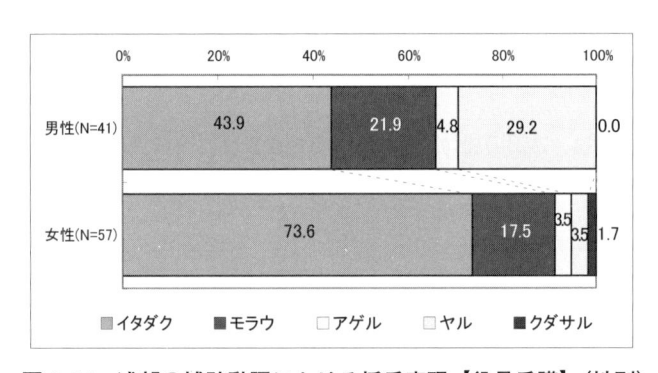

図 4-14　述部の補助動詞における授受表現【役員受諾】（性別）

　図 4-12 により年齢層別に見ると違いが極めて大きいことがわかる。若年層では「ヤル」が主体であり，やはり授恵表現である「アゲル」を加えると約9割に達する。「イタダク」の使用は皆無である。これに対し高壮年層は「イタダク」が主体であり，やはり受恵表現である「モラウ」を加えるとほぼ全体をおおう。若年層は対等な「ヤル」を中心とする授恵表現，高壮年層はへりくだった「イタダク」を中心とする受恵表現という対比が顕著である。
　図 4-13 により地域別に見てみよう。なお，カテゴリーが4つとなりそれぞれに入る人数が少なくなるため，数値は不安定な部分がありうる（特に熊本）。まず，京都と熊本の分布傾向が似ている点が注目される。これに対し東京は，他の地域よりも「イタダク」が優勢となる。「モラウ」まで含めて考えると，受恵表現

が全体の約9割を占める点は京都や熊本と同じだが，東京ではへりくだった姿勢を持つ「イタダク」の使用がより強い。一方仙台は，「イタダク」の数値が相対的に低く，「モラウ」を含めても受恵表現は約5割にとどまる。これに代って数値が高いのは「ヤル」である。「アゲル」も含めると授恵表現の使用は約5割に達し，他の地域と大きな違いがある。授受表現を使う場合，東京は「ジャー，ヤラセテ<u>イタダコ</u>ーカ」が普通であるのに対し，仙台は「ジャー，ヤッテ<u>ヤロー</u>カ」が普通である。相手への姿勢を示す表現上の違いであるだけに，両地域の人が接する際にギャップを感じる可能性がありそうだ。

　図4-14は性別に見たものである。男女とも「イタダク」が最も優勢であるが，その度合いは女性において一層強い。その勢力が相対的に弱い男性では，女性ではほとんど使われない「ヤル」を使う人が約3割いる。女性は「イタダク」を中心とする自分を低めた表現を使用する人が多いのに対し，男性は対等な立場で恩恵を与える「ヤル」を使う人も少なからずいる，という違いが指摘できる。

　以上，本節の後半では，補助動詞に授受表現が使われた場合，具体的にどのような表現が現れるかを見た。

　次に，補助動詞における授受表現の有無に論を戻し，回答者の属性別にその傾向を見ていこう。

4.1.2.2.　回答者の属性別に見た傾向
(1)　【役員受諾】の場合

　まず，【役員受諾】について，年齢層別，地域別，性別に見ると，**図4-15**，**図4-16**，**図4-17**の結果が得られた。ここでは，全体の傾向を示した図4-9の「受諾の述部なし」および「NR」を除く部分を，属性別に構成比で示すことにする。すなわち，述部がある場合に限定し，補助動詞の部分に授受表現が使われるか否かが，回答者の属性により違いがあるかどうかを見る。

　図4-15により年齢層別に見ると，若年層は「授受表現なし」が8割以上と大変多いのに対し，高壮年層は「授受表現なし」と「授受表現あり」が相半ばする。授受表現の使用は，若年層よりも高壮年層に多い。

　図4-16により地域別に見ると，どの地域も「授受表現なし」が優勢であり，「授受表現あり」は劣勢である。ただし，「授受表現あり」について相対的に見ると，東京と京都は，仙台と熊本よりも数値が高い傾向が見られる。

　図4-17により性別に見ると，男女とも「授受表現なし」が優勢であり，男

女差はほとんど見られない。

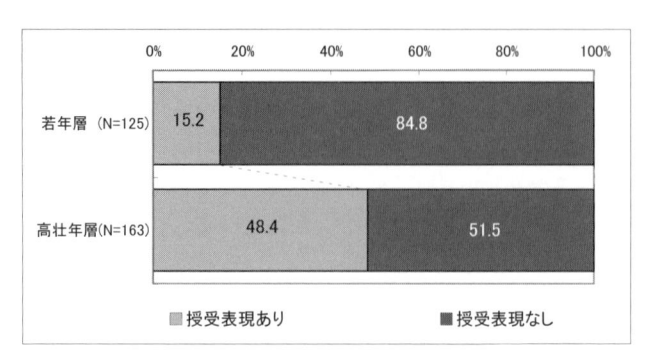

図 4-15　述部の補助動詞における授受表現の有無【役員受諾】（年齢層別）

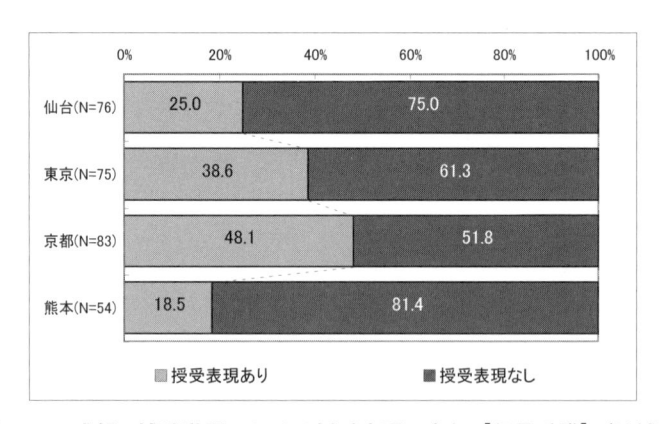

若年層(N=125)　授受表現あり 15.2　授受表現なし 84.8
高壮年層(N=163)　48.4　51.5

図 4-16　述部の補助動詞における授受表現の有無【役員受諾】（地域別）

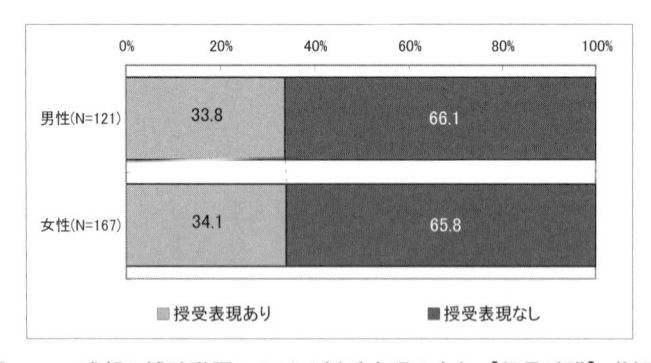

仙台(N=76)　25.0　75.0
東京(N=75)　38.6　61.3
京都(N=83)　48.1　51.8
熊本(N=54)　18.5　81.4

図 4-17　述部の補助動詞における授受表現の有無【役員受諾】（性別）

男性(N=121)　33.8　66.1
女性(N=167)　34.1　65.8

(2) 【食事受諾】の場合

次に,【食事受諾】について,年齢層別,地域別,性別に見ると,図 4-18,図 4-19,図 4-20 のとおりである。全体の傾向を示した図 4-10 の「受諾の述部なし」および「NR」を除き,補助動詞に授受表現がない場合は,本動詞に授受表現があるもの(「本動詞にあり」),本動詞にもないもの(「授受表現なし」)とに分けて,属性別に構成比で示した。

図 4-18 により年齢層別に見ると,補助動詞での「授受表現あり」はいずれの年齢層でも数値が極めて低く,年齢差は特に認められない。ただし,本動詞の部分に授受表現を持つ「本動詞にあり」の数値は,高壮年層よりも若年層で高い。述部が表現された場合,補助動詞に授受表現を用いることはいずれの年齢層でも極めて低いが,そこで用いられなくても本動詞で授受表現を用いることは,高壮年層よりも若年層に多い。高壮年層に比べ若年層では「イタダク」の使用が多いことが原因であろう(図 4-6 を参照)。

図 4-19 により地域別に見ると,「授受表現あり」の数値はどの地域でも非常に低いが,京都は他と比べやや高い。それと連動するかのように,「本動詞にあり」の数値も,他と比べ高めとなっている。【食事受諾】の場面では,京都では他の地域よりも一般に授受表現が用いられやすいのかもしれない。

図 4-20 により性別に見ると,助動詞での「授受表現あり」は男女とも数値が極めて低く,特に性差は認められない。ただし,「本動詞にあり」の数値は,男性よりも女性の方が高い。述部が表現された場合,補助動詞に授受表現を用いることは男女とも極めて低いが,そこで用いられなくても本動詞で授受表現を用いることは,男性よりも女性に多い。

	授受表現あり	本動詞にあり	授受表現なし
若年層 (N=130)	3.8	50.7	45.3
高壮年層 (N=158)	3.7	36.7	59.4

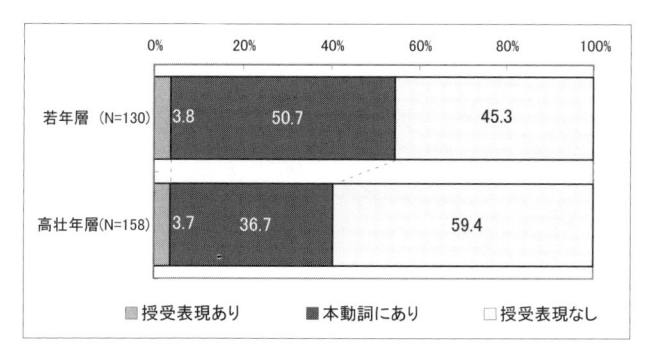

図 4-18 述部の補助動詞における授受表現の有無【食事受諾】(年齢層別)

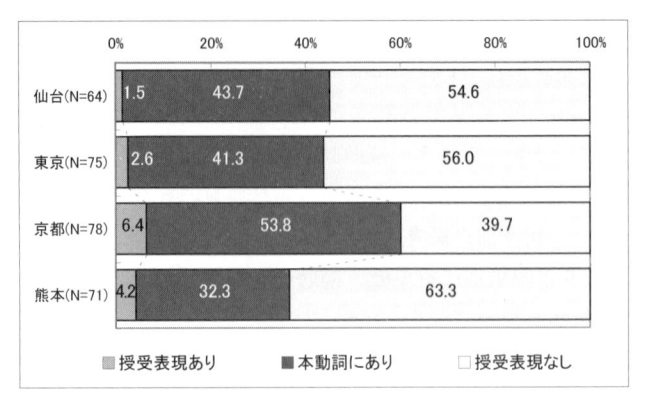

図4-19 述部の補助動詞における授受表現の有無【食事受諾】(地域別)

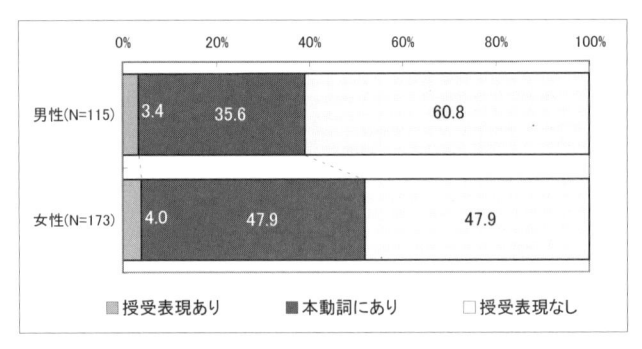

図4-20 述部の補助動詞における授受表現の有無【食事受諾】(性別)

4.2. 謙遜表現と恐縮表現の使用

本節では、受諾を明示する述部以外の箇所において、依頼を受諾する自分の側を謙遜して低める表現(謙遜表現)や、勧めを受け入れることで相手に負担をかけることを恐縮する表現(恐縮表現)が、データ中にどのように出現するか、その傾向を分析する。【役員受諾】では謙遜表現を、【食事受諾】では恐縮表現を注目点とするが、これらは「低姿勢」という共通性を持つ表現と見ることができる。なお、具体的な表現は、4.1.節に見た動詞や補助動詞以上に多様であるため、ここでは主として謙遜表現と恐縮表現の有無について傾向を見ていくことにする。

4.2.1. 全体的傾向

全体の結果は図 4-21，図 4-22 のとおりであった。

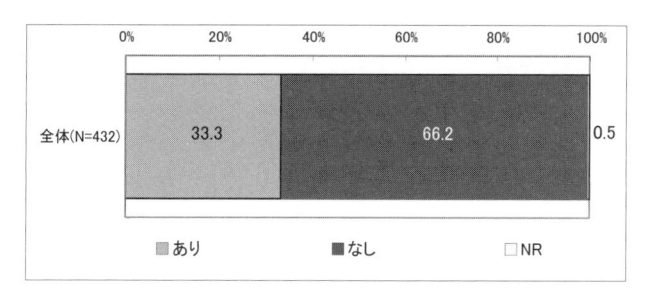

図 4-21 謙遜表現の有無【役員受諾】(全体)

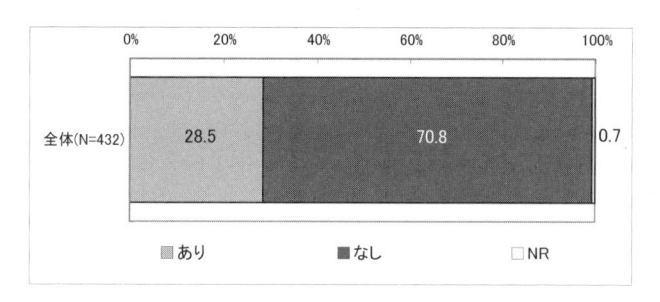

全体(N=432): あり 33.3、なし 66.2、NR 0.5

図 4-22 恐縮表現の有無【食事受諾】(全体)

全体(N=432): あり 28.5、なし 70.8、NR 0.7

【役員受諾】で謙遜表現を用いた人は約3割，【食事受諾】で恐縮表現を用いた人も約3割であった。このような場面で低姿勢を示す表現を用いる人は全体としては少ない。ただし，逆に言えば，全体としては少数派であるものの，確かにこうした表現を用いている人も少なからずいるわけで，日常の言語生活の中で，相手に対する配慮の一つとして用いられていることもまた事実である。

謙遜表現・恐縮表現の代表的な表現を示すと次のとおりである。
＜謙遜表現＞(【役員受諾】)

ワタシデヨケレバ／微力ナガラ／デキナイナガラ／力不足デスケド／役不足デスケド[5]／未熟ナモノデスガ／若輩者デスケド／ソノ器デワアリマセンガ／マニアイマセンケド／頼リナイモンデスケド／役ニタツカドーカワカラナイケド／ウマクデキナイカモ知レナイケド／自信ワナイケド／期待ニ添エル

---

[5] 本来の意味と逆の意味で用いられている。

カドーカワカラナイケド／不適任ダト思イマスケド
＜恐縮表現＞(【食事受諾】)
イーノ？／ヨカネ？／ホンマニ？／カマヘンノ？／マジデ？／オカマイナク／イーデスヨ(断り)／迷惑ジャナイナラ／オ昼ドキニウカガッテ／時分悪ウオ邪魔シテ／長イコトオ邪魔シテ

全体的な結果は上記のとおりである。次に回答者の属性別に見てみよう。

4.2.2. 回答者の属性別に見た傾向
(1) 謙遜表現の使用

まず，【役員受諾】における謙遜表現について，年齢層別，地域別，性別に見ると，図4-23，図4-24，図4-25のようである。

図4-23により年齢層別に見ると，両年齢層の間に顕著な違いが認められる。高壮年層では謙遜表現を使う人が5割を超えるのに対し，若年層は1割程度にとどまる。高壮年層でも謙遜表現の使用は一般的というほどではないものの半数は使っているのに対し，若年層での使用は非常に少ない。謙遜表現は主として成人の間で使用される表現と言える。

図4-24により地域別に見ると，どの地域でも謙遜表現を用いない人の方が多い。なお，仙台では数値が他よりもさらに低く，逆に熊本と京都は相対的に高く，東京はその中間となっている。地理的配置と数値の推移との間に，ある程度一貫性が見られ，謙遜表現の使用はゆるやかな西高東低の傾向となっている点が注目される。

図4-25により性別に見ると，謙遜表現を用いる人は男女ともに少ない。ただし，男性で謙遜表現を使う人は約2割と少なめであるのに対し，女性は約4割いる。相対的に見れば，謙遜表現の使用は男性よりも女性に多い。

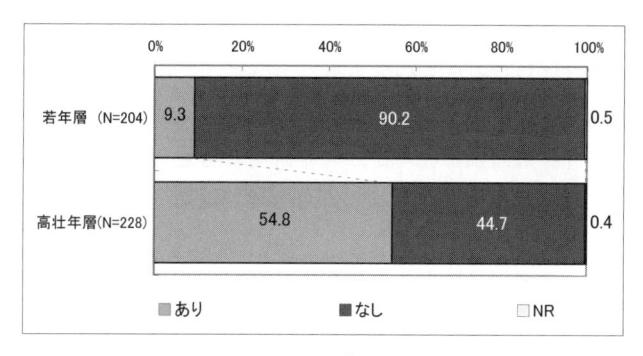

第4章　依頼・勧めに対する受諾における配慮の表現

| | 0% | 20% | 40% | 60% | 80% | 100% |

若年層（N=204）　9.3　｜　90.2　｜　0.5
高壮年層（N=228）　54.8　｜　44.7　｜　0.4

■あり　　■なし　　□NR

図4-23　謙遜表現の有無【役員受諾】（年齢層別）

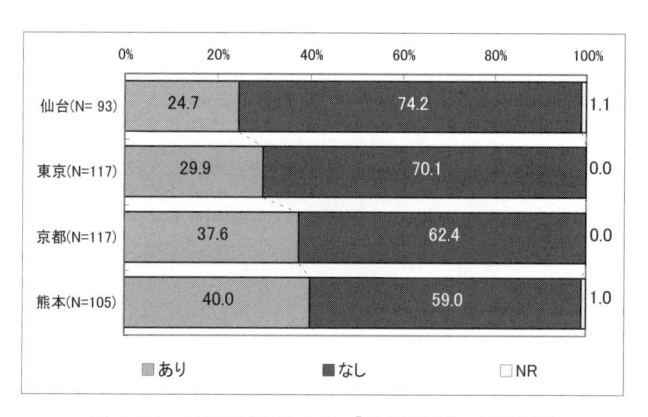

仙台（N= 93）　24.7　｜　74.2　｜　1.1
東京（N=117）　29.9　｜　70.1　｜　0.0
京都（N=117）　37.6　｜　62.4　｜　0.0
熊本（N=105）　40.0　｜　59.0　｜　1.0

■あり　　■なし　　□NR

図4-24　謙遜表現の有無【役員受諾】（地域別）

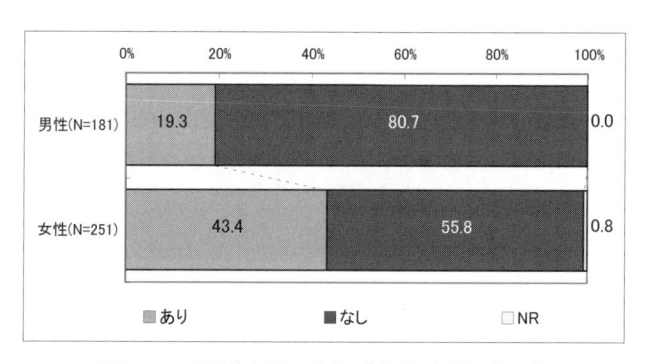

男性（N=181）　19.3　｜　80.7　｜　0.0
女性（N=251）　43.4　｜　55.8　｜　0.8

■あり　　■なし　　□NR

図4-25　謙遜表現の有無【役員受諾】（性別）

77

(2) 恐縮表現の使用

次に,【食事受諾】における恐縮表現について,年齢層別,地域別,性別に見ると,図 4-26,図 4-27,図 4-28 のようである。

図 4-26 により年齢層別に見ると,両年齢層とも恐縮表現の使用は少なく,ともに 3 割前後である。年齢層による顕著な違いは見られないが,高壮年層よりも若年層に多少多いようである。

図 4-27 により地域別に見ると,どの地域でも恐縮表現を用いる人は 3 割前後である。京都は他より数値が多少高くなっているが,顕著な違いではない。

図 4-28 により性別に見ると,恐縮表現の使用は男女ともに少ない。ただし,相対的に見れば,恐縮表現の使用は男性よりも女性に多少多い。恐縮表現と同様,謙遜表現の使用も,男性より女性の方が相対的に多いと言える。

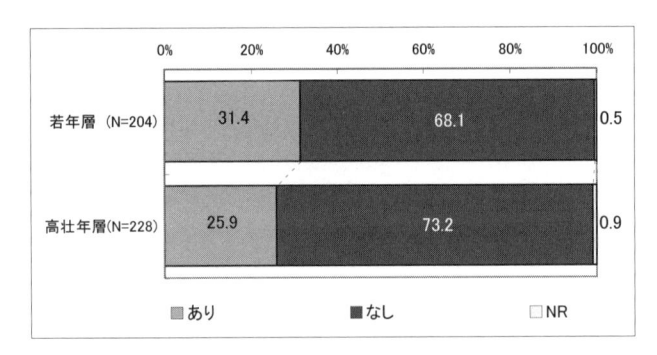

	あり	なし	NR
若年層 (N=204)	31.4	68.1	0.5
高壮年層(N=228)	25.9	73.2	0.9

図 4-26　恐縮表現の有無【食事受諾】(年齢層別)

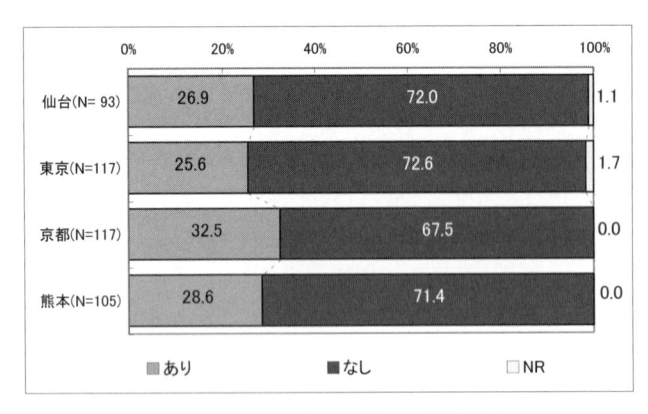

	あり	なし	NR
仙台(N= 93)	26.9	72.0	1.1
東京(N=117)	25.6	72.6	1.7
京都(N=117)	32.5	67.5	0.0
熊本(N=105)	28.6	71.4	0.0

図 4-27　恐縮表現の有無【食事受諾】(地域別)

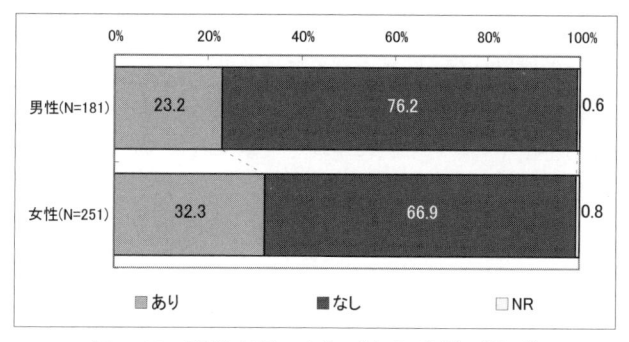

第4章　依頼・勧めに対する受諾における配慮の表現

	0%	20%	40%	60%	80%	100%
男性(N=181)		23.2		76.2		0.6
女性(N=251)		32.3		66.9		0.8

■あり　■なし　□NR

図4-28　恐縮表現の有無【食事受諾】（性別）

4.2.3. 謙遜表現まででとどめることの評価

【役員受諾】における謙遜表現の使用は，上述のとおり全体としては3割程度であったが，調査ではこれに関連し，こうした場面で謙遜表現だけでとどめその先の受諾明示表現をあえて言わない言い方をどう感じるかについて，自由回答を求めた。日本社会では，相手から依頼を引き受ける際，「じゃあ，私でよければ……」とか「まあ，十分できるかどうかわかりませんが……」のように，謙遜表現まででとどめてその先の受諾を明示する表現はあえて言わない言い方がしばしば用いられ，それが控えめで好ましいと肯定的に評価されることが少なくないように思われる。調査では，発話回答を求める質問の直後に，このような表現を回答者がどう受け止めているかを質問した。口頭による質問だけでは十分意図が伝わらない可能性を考慮し，回答者にはリストを提示しつつ質問した。質問文と提示リストは次のとおりである。

なお，この設問のポイントは，謙遜表現の使用ということのほかに，承諾明示表現を言わないということも同時に関与する。依頼を受諾するという意図は確実に伝えつつ，しかし表現上はその中核となる部分を省略するわけであるから，控えめな姿勢を表出する効果を持ちうる。先立つ謙遜表現も，これにより効果が一層高まると考えられる。

「私でよければ」「僕でよければ」のような謙遜の言い方だけでとどめて，「引き受けます」に当るところをはっきり言わない言い方は，どんな感じがしますか。

（面接調査票　問7.2.）

```
        <リスト>
           謙　遜            引き受け
        ┌─────────┐  ┌─────────┐
        │私でよければ，│  │引き受けます│
        └─────────┘  └─────────┘
                              （取り消し線）
```

79

自由回答であるため，こうした表現に対する印象や評価のほか，感じられる意味や自分自身の使用など，回答のタイプは多岐にわたったが，今回の分析では，肯定的評価か否定的評価という観点から分類した。それぞれの評価について，代表的な回答をキーワード風に整理して示すと次のとおりである。

- ●肯定的評価

  控えめ／おとなしい／奥ゆかしい／やさしい／礼儀正しい／渋い／おとなっぽい／かっこいい／引き受けてくれる／角が立たない／謙虚でいい／えらい／いい人／普通／抵抗ない／違和感がない

- ●否定的評価

  不自然／曖昧／中途半端／偉そう／不遜／冷たい／よそよそしい／もったいぶっている／かしこまり過ぎ／嫌味／変だ／しっくりしない／気取っている／やりたそう／嫌そう／自信なさそう／かた苦しい／心配（引き受けてくれるかどうか）／好きではない

- ●中立的評価

  別にいい／かまわない／こだわらない／気にならない／どちらでもいい／状況による／場合による／口調による／態度による／人による／地方による

- ●その他の回答

  何も感じない／使わない／わからない

肯定的評価は，予想どおり謙虚さを中心としたものであった。これに対し否定的評価は，その謙虚さが作為的と受け止められることや，意図の曖昧さや自信のなさ（これはむしろ承諾（引き受け）を明示しないことに起因しよう）を中心としたものであった。

各評価の回答数を構成比により示すと図4-29のようであった。回答の約8割は肯定的評価か否定的評価に分類できるものであるが，多少肯定的評価に傾くものの両者はほぼ相半ばする。謙遜表現だけでとどめる言い方が必ずしも肯定的にばかり受け止められているわけではないことが，数値の点からもわかる。

図4-30により年齢層別に見ると，肯定的評価は両年齢層とも約4割でほぼ同じであるが，否定的評価の方は若年層よりも高壮年層でやや多い。

図4-31により地域別に見ると，全体としてはどの地域も肯定的評価と否定的評価が拮抗しているが，東京と京都は肯定的評価がやや優勢であるのに対し，仙台と熊本はむしろ否定的評価の方がやや優勢である。人口規模が大きな都市では肯定的評価に傾くということであろうか。今後の精査が望まれる。

図4-32により性別に見ると，男性は否定的評価よりも肯定的評価に傾くのに対し，女性は両者が拮抗している。女性よりも男性の方が肯定的に評価する傾向が見られる。

	肯定的評価	中立的評価	否定的評価	その他の回答	NR
全体(N=432)	43.5	12.3	37.3	6.3	0.7

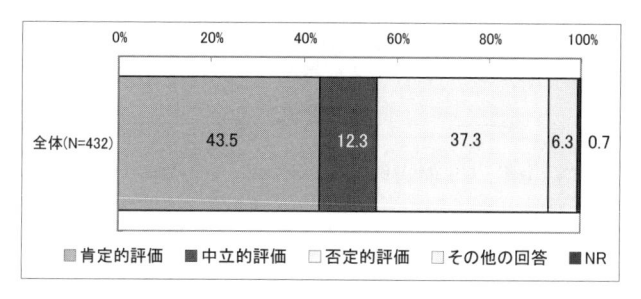

図4-29 謙遜表現まででとどめることの評価(全体)

	肯定的評価	中立的評価	否定的評価	その他の回答	NR
若年層(N=204)	42.6	16.2	32.4	8.8	0.0
高壮年層(N=228)	44.3	8.8	41.7	3.9	1.3

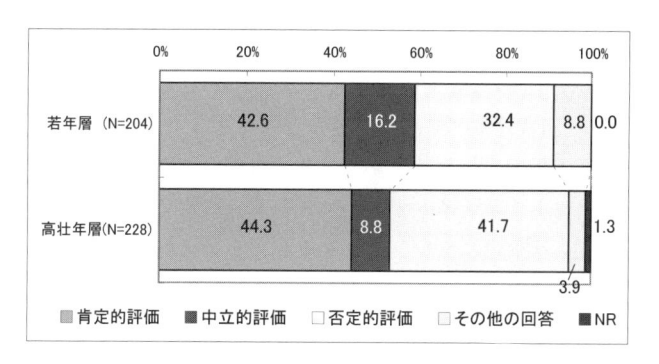

図4-30 謙遜表現まででとどめることの評価(年齢層別)

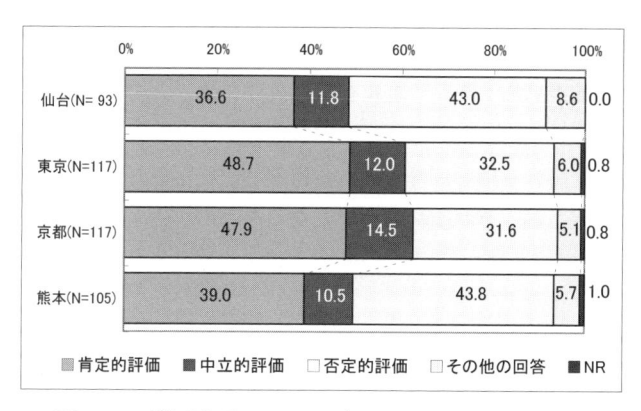

	肯定的評価	中立的評価	否定的評価	その他の回答	NR
仙台(N=93)	36.6	11.8	43.0	8.6	0.0
東京(N=117)	48.7	12.0	32.5	6.0	0.8
京都(N=117)	47.9	14.5	31.6	5.1	0.8
熊本(N=105)	39.0	10.5	43.8	5.7	1.0

図4-31 謙遜表現まででとどめることの評価(地域別)

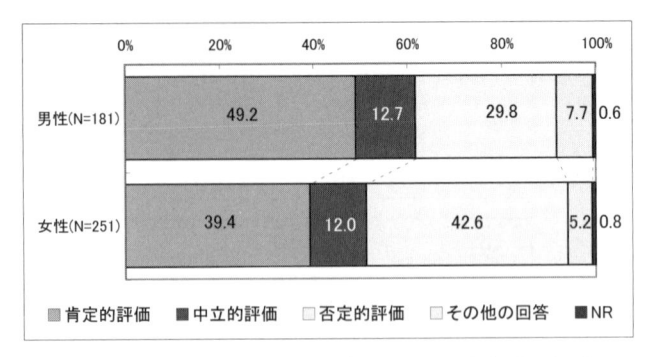

```
       0%      20%     40%     60%     80%    100%
男性(N=181)    49.2       12.7    29.8      7.7 0.6
女性(N=251)   39.4      12.0     42.6        5.2 0.8
    ■肯定的評価  ■中立的評価  □否定的評価  □その他の回答  ■NR
```

図 4-32　謙遜表現まででとどめることの評価（男女別）

なお，【役員受諾】の発話回答において，ここで話題にしたような謙遜表現だけでとどめる表現はわずか 6 件であった。半数近くの回答者から肯定的に評価されているわりには実際の使用は少ない。これら 6 件について該当部分を示すと次のとおりである（ここでは高年［60代以上］と壮年［30代〜50代］を区別して示す）。回答はすべて高壮年層の女性であった。

① 「オテツダイ程度ニハタラキマスカラ。」（仙台・高年・女性）
② 「タイシタコトデキナイトオモイマスケド。」（東京・壮年・女性）
③ 「力不足デスケド役ニタツンデシタラ。」（京都・壮年・女性）
④ 「ワタクシデオヤクニタチマスデショーカ。」（熊本・壮年・女性）
⑤ 「ワタクシデヨゴザリマショカ。」（熊本・高年・女性）
⑥ 「アタシデヨケレバ。」（熊本・高年・女性）

4.3.　受諾表現の使い分け意識

以上は，依頼や勧めを受諾する場合，回答者自身がどのような発話をするかを中心とした分析であった。その発話回答を得る際，それに付随してさまざまなコメントも同時にしばしば得られた。回答者が提示された設定場面からは複数の状況が想定され，それぞれ表現が異なるなどのコメントをきっかけとして自発的に得られたものや，調査員の問題意識から発せられた問いに答える形で得られたコメントなどである。

そうしたコメントの中には，回答者自身が何を基準にして表現を使い分けているか，何を気にしながら表現を使い分けているかというタイプのコメントも少なくない。どの表現とどの表現を使い分けているかは発話回答を分析すれば

わかる。しかし，何を基準にしたり何を気にしてそれらを使い分けているかは話者の内的・心理的事象であるため，それを明らかにすることには限界が伴う。回答者自身が，自分の普段の言語行動を内省し，何を基準として使い分けているかを報告したコメントは，回答者が持っている基準をより直接的に見ることのできる貴重なデータと言える。

そこで，得られたコメントの中から，表現の使い分けの基準に言及していると判断される箇所を抽出し，その基準をさぐる試みをした。

該当するコメントを短く整理し，場面別，年齢層別（ここでは3層）に代表的なものを示すと次のとおりである。

【役員受諾】

　　若年層：相手との親しさによる／頼まれる相手による／年下か年上かで言い方は違う／よほどの大役でないと謙遜表現は使わない／自分がやりたいかやりたくないかで言い方が違う／周りに先輩がいるかどうかで言い方が違う／相手が先輩・OB・先生だと言い方が違う

　　壮年層：相手と場合による／町内会には馴染みがないので改まった言葉を使う／相手が年上か年下かで「やらせてもらいます／やります」の違いがある／自信がないときは絶対断る／自分が納得しているかどうかで違う／やると決めたら謙遜表現は使わない／新興地域と古い地域で町内会の構成が違う。年配の人が多い古い地域では「お手伝いします」という程度で引き受ける

　　高年層：頼まれる相手による／自信があるかどうかによる

以上の内容から，【役員受諾】では，相手との親しさや年齢の上下関係，当該の会合への馴染みの度合い，関係者の同席／不同席，依頼される事柄の重大さ，自分の決意の度合いなどにより，表現（受諾か断りかまで含めて）を使い分けていると意識されているようである。

【食事受諾】

　　若年層：親しさによる／最初は断るかも知れない／相手の家族がそばにいるかどうか／食事の内容による（簡単なものかどうか）／これから用意するかすでに用意してあるかによる（せっかく用意したものを食べないのは悪い）

　　壮年層：親しさの度合いによる／ともかく一応辞退する／親しい人からの

勧めは受け入れる／親しい人からなら遠慮の言葉よりも感謝の言葉を言う

　　高年層：まず断る

　以上の内容から，【食事受諾】では，相手との親しさ，関係者（相手の家族）の同席／不同席，勧めが一回目か否か，勧められる事象の準備状況や軽重などにより，表現（受諾か断りかまで含めて）を使い分けていると意識されているようである。

　二つの場面を比べると，使い分けの基準として，相手との親しさや関係者の同席／不同席などが共通に見られる。

5.　まとめ

　最後に，本章の分析で得られたおもな結果をまとめて示す。
①受諾を明示する述部の本動詞
　【役員受諾】の場面も【食事受諾】の場面も，受諾を明示する述部の本動詞の使用は約7割であった。それが使用された場合について，動詞を類型化し分布を見ると次のようであった。
　【役員受諾】の場面では，受諾することを「行なう」と自発的に表現する「ヤル系」「スル系」が全体としては最も多く，「ヤル系」が約4割，「スル系」が1割弱であった。より口語的で低い文体的ニュアンスを伴う「ヤル系」は若年層に多かった。次いで多いのは，受諾することを「引き受ける」と応答的に表現する「ヒキウケル系」（全体では第2位）や「ウケル系」である。これらでほぼ全体がカバーされる。
　これに対し【食事受諾】の場面では，好意を受ける自分の側を低くする「イタダク系」「ゴチソーニナル系」が多く，そうした姿勢を特に持たない「タベル系」「クウ系」の数値は非常に低かった。【食事受諾】では，自分を低める表現を用いることが相手に対する配慮の基本と言えそうである。
　【役員受諾】について，回答者の属性別に見て特徴的な点は次のとおりである。京都では他の地域よりも「ヤル系」の勢力がやや弱く，逆に「スル系」が強い。熊本では他の地域よりも「ヒキウケル系」が多いが，相手との関係性を意識した表現，あるいは了解性・明示性の強い表現を好む傾向があるのかもしれない。男性は女性よりも「ヤル系」が多いが，「ヤル系」が持つ口語性・低文体性が男性により好まれる，あるいは社会的により許容されるためと考えられる。

【食事受諾】について，同様に回答者の属性別に見て特徴的な点は次のとおりである。若年層は「イタダク系」，高壮年層は「ゴチソーニナル系」や「ヨバレル系」（この表現の使用は若年層には見られない）など，いずれも自分を低めた表現が多いが，若年層にはそうした姿勢を特に持たない「タベル系」や「クウ系」の使用も少なくない。京都では，仙台や東京ではほとんど使われない「ヨバレル系」もよく用いられる。女性は男性よりも，「イタダク系」「ゴチソーニナル系」など自分を低めた表現を用いる人が多く，「クウ系」は用いられない。

②受諾を明示する述部の補助動詞（授受表現）

　受諾を明示する述部の補助動詞での授受表現の使用は，【役員受諾】の場面で約2割，【食事受諾】ではわずか数％にとどまり，補助動詞の部分での授受表現の使用はいずれも少ない。【食事受諾】で数値が低いのは，本動詞にすでに授受表現が使われる回答が少なくないためと考えられる。本動詞まで含めて考えれば，【食事受諾】での授受表現の使用は約3割となる。

　補助動詞での授受表現の使用が約2割あった【役員受諾】について，回答者の属性別に使用／不使用を見て特徴的な点は次のとおりである。高壮年層は授受表現の使用と不使用が相半ばするが，若年層の使用は2割に達せず，授受表現の使用は相対的に高壮年層に多い。地域別では，東京と京都が，仙台と熊本よりも使用者が多い傾向が見られる。性差はほとんど見られない。

　補助動詞での授受表現の使用が非常に少なかった【食事受諾】については，本動詞の部分での授受表現の有無にも留意しながら回答者の属性別に見て特徴的な点は次のとおりである。補助動詞の授受表現については年齢差や性差は特に見られないが，本動詞での授受表現については，高壮年層よりも若年層で，男性よりも女性で，それぞれ使用が相対的に高い。京都は，補助動詞でも本動詞でも，授受表現を使用する人の割合が他の地域よりも多い傾向が見られる。

　【役員受諾】で補助動詞に授受表現が使われた回答について，受恵表現（「イタダク」「モラウ」）か授恵表現（「アゲル」「ヤル」）という点から分類したところ，前者が約8割，後者が約2割であり，多くは受恵表現が使われていた。受恵表現の使用は道理にあわないが，相手より自分を低めたり慎み深く接するという，依頼者等に対する配慮の現れと考えられる。回答者の属性別に見て，具体的な表現の分布が特徴的な点は次のとおりである。若年層は授恵表現の「ヤ

ル」(あるいは「アゲル」)が主体であるのに対し，高壮年層はむしろ受恵表現の「イタダク」(あるいは「モラウ」)が主体という顕著な年齢差が見られる。東京は自分を低めた姿勢を持つ受恵表現の「イタダク」を使用する人が他よりも多いのに対し，仙台は対等な姿勢を持つ授恵表現の「ヤル」が多い。女性は「イタダク」を中心とする自分を低めた表現を用いる人が多いのに対し，男性は対等な立場で恩恵を与える「ヤル」を用いる人も少なくない。

③謙遜表現と恐縮表現

　相手に対する低姿勢を表わす謙遜表現(【役員受諾】)や恐縮表現(【食事受諾】)の出現傾向を分析したところ，これらを用いる人はいずれも約3割であった。全体としては少数派だが，日常の言語生活の中でこうした表現を相手に対する配慮の一つとして用いている人もある程度いることが確認される。

　【役員受諾】での謙遜表現の使用について，回答者の属性別に見て特徴的な点は次のとおりである。高壮年層や女性は約半数が謙遜表現を使っているのに対し，若年層や男性による使用は少ない。仙台での使用は少なく，逆に熊本と京都での使用は相対的に多く，ゆるやかな西高東低の傾向が見られる。

　【食事受諾】での恐縮表現の使用について回答者の属性別に見ると，属性による顕著な違いは見られないが，若年層，京都，女性に多少多いようである。

　【役員受諾】については，謙遜表現まででとどめて受諾明示表現を言わない言い方の評価も質問し，自由回答を求めた。肯定的評価か否定的表現かという観点から回答を分類したところ，肯定的評価は謙虚さを中心としたものであったのに対し，否定的評価は，その謙虚さが作為的と受け止められることや，意図の曖昧さや自信のなさを中心としたものであった。

　各評価の回答者数を分析したところ，多少肯定的評価に傾くものの両者はほぼ相半ばし，必ずしも肯定的にばかり受け止められているわけではないことが確認された。回答者の属性別に見て特徴的な点は次のとおりである。否定的評価をする人は若年層よりも高壮年層にやや多い。東京と京都は肯定的評価がやや優勢であるのに対し，仙台と熊本はむしろ否定的評価がやや優勢である。男性は肯定的評価に傾くのに対し，女性は両者が拮抗している。

④受諾表現の使い分け意識

　回答者の発話回答に付随して得られたコメントの中から，表現の使い分けの

基準について言及していると判断される箇所を抽出して分析した。

【役員受諾】については，相手との親しさや年齢の上下関係，当該の会合への馴染みの度合い，関係者の同席／不同席，依頼される事柄の重大さ，自分の決意の度合いなどにより表現（受諾か断りかまで含めて）を使い分けていると意識されているようであった。

一方，【食事受諾】については，相手との親しさ，関係者（相手の家族）の同席／不同席，勧めが一回目か否か，勧められる事象の準備状況や軽重などにより表現（受諾か断りかまで含めて）を使い分けていると意識されているようであった。

6. 今後の課題

本章では，【役員受諾】と【食事受諾】の場面を取り上げ，そうした状況において対人的配慮として機能していると目される各種の表現（特に述部の動詞，授受表現，謙遜表現や恐縮表現）がどのような分布で現れるか，また特定の表現（謙遜表現まででとどめて受諾明示表現を言わない言い方）が対人的配慮という点でどのように意識されているか，何を基準として表現を使い分けていると意識しているかについて，分析した結果を報告した。

述部の動詞については，受諾を明示する表現が用いられた場合，得られた表現を類型化したり，回答者の属性と関連づけて分布状況を分析したのであるが，そうした表現を用いなかった約3割の回答については，全体としてどのような回答であったのか，それは対人的配慮とどのような関係があるのかないのかという点までは，十分分析が及ばなかった。

【役員受諾】では，「デワ，ヨロシクオネガイシマス」のような，受諾する側から発せられる依頼に相当する表現の有無や選択される表現も，対人的配慮に関係している可能性は十分ある。また，【食事受諾】では，滞在が食事時にまで及んだことを詫びるか否かも対人的配慮に関係しているかもしれない。「デワ，遠慮ナク（イタダキマス）」や「デワ，オ言葉ニアマエテ（イタダキマス）」のような表現も，日常の【食事受諾】の場面ではよく用いられる。本来であれば遠慮すべきであること，相手の好意に甘えてはいけないことをわきまえているということを暗示する表現であり，これらも対人的配慮に関係している可能性はおおいにありそうだ。本章で分析した，勧めの受諾を躊躇し多少押し戻す姿勢を持つ「恐縮表現」と共通する面がありそうだが，方向性としてはむしろ

受け入れること決心した表現と言えよう。

　以上は総じて，相手に対し「へりくだる」「つつしみ深くする」という姿勢による配慮である。しかしその一方で，【役員受諾】で若年層を中心に「ヒキウケテアゲルヨ。」「ヤッテヤルヨ。」のような授恵表現が盛んに見られることから考えると，相手に近寄り親密になるという別の方向からの配慮も見られ，今回得られたデータ中にもその可能性のある表現が観察されるかもしれない。

　また，第3章で分析したように，発話要素の組み合わせや出現順も，配慮の一つとして受諾場面でも機能していることは十分考えられる。

　このように，本章で扱ったデータの範囲だけでも，別の角度から分析して新たな知見が得られる可能性が多々あるが，これらは今後の課題とする。

第5章 依頼・勧めに対する断りにおける配慮の表現

尾崎喜光

<要旨>

　役員を引き受けるよう依頼されて断る，訪問販売の人の依頼を断る，相手の家で食事を勧められて断る(辞退する)という三つの断り場面を取り上げ，こうした場面で典型的に現れうる詫びの表現・理由説明・断りの述部等が，面接調査の発話データ中にどのように現れるかを中心に分析した。

　詫びの表現を使った回答者は，訪問販売の断りで約2割，役員依頼の断りと食事勧めの断りで5割前後であった。相手と関係が形成されている場合に数値が高いことから，詫びは相手への配慮として機能していると考えられる。

　断りの理由説明をした回答者は，訪問販売の断りで約8割，役員依頼の断りで約3割，食事勧めの断りで約7割であった。訪問販売の断りで数値が高いのは断るという目的達成のため，食事勧めの断りで数値が高いのは相手との関係維持のためと考えられる。

　断りの述部を言った回答者は，訪問販売の断りで約6割，役員依頼の断りで約9割，食事勧めの断りで約4割であった。訪問販売の断りで数値が高いのは相手と関係が形成されている場合が少なく依頼に応じる義務もないこと，役員依頼の断りでそうであるのは意思が不明確になることで相手に迷惑をかけることを回避するためと考えられる。一方，食事勧めの断りで数値が低いのは相手との関係を維持するためと考えられる。

1．はじめに

　本章では，相手から受けた依頼や勧めに対し「断り」を言う場面を取り上げ，相手への配慮と目される各種の表現が，面接調査で得られたデータ中にどのように出現するか，またそうした表現が相手への配慮という点で話者にどのように意識されているか等について，その傾向を分析する。

　「断り」は，相手から自分に向けられた期待や好意に添えないことを伝える言語行動である。そのため，相手との人間関係がすでに形成されている状況で

は，それを崩さぬようさまざまな配慮を言語面においても実現する必要がある。しかし，その一方で，話し手が「断り」を言っているのだということを相手に確実に伝えることもまた重要である。関係維持に気を配りすぎるあまり表現があいまいでありすぎたり情報が不足したりすると，意図が十分伝わらなくなる。逆に，意図を確実に伝えることにばかり注意を向けると，相手との関係を損ねてしまう危険性がある。「断り」は，関係維持と意図の伝達の両方に配慮が求められる言語行動のひとつと言えよう。

そうした二つの事柄を実現するために用いられる「断り」の表現も，断る内容や相手との関係によりさまざまであると考えられる。そこで，本章では，面接調査で調査項目とした複数の「断り」の場面を比較し，場面と言語行動・言語表現の出現傾向の関係を分析することにする。また，そうした出現傾向の違いが，相手への配慮や意図の伝達の確実性とどのような関係にあるのかをも探ることにする。分析に用いるデータは主として面接調査で得られた発話回答であるが，それに付随して得られた回答者によるコメントや，高校生に対し実施したアンケート調査のうち関連する項目も適宜参照する。

2. 分析対象とするデータ

面接調査の「断り」の場面は次の三つである。①②は依頼に対する断り，③は勧めに対する断り(辞退)である。

　　①役員依頼に対する断り(問 7.3., 問 7.4.)
　　②訪問販売に対する断り(問 9.1., 問 9.2.)
　　③食事の勧めに対する断り(問 12.3.)

具体的な質問は次のとおりである。いずれも一連の質問の中で尋ねているので関連する質問まで含めて示すが，太字で示した部分(問 7.3., 問 7.4., 問 9.1., 問 9.2., 問 12.3.)が，本章で分析対象とする「断り」に関する質問である。質問の中には，相手への配慮として重要と思われる言語要素の使用／不使用についての評価意識を尋ねるものも含まれている。＜リスト＞とは，回答者の理解を助けるために，図化したカード(詳しくは後出)を回答者に提示しつつ回答を求めたものである。

第5章　依頼・勧めに対する断りにおける配慮の表現

〔役員依頼の受諾と断り〕

　老人クラブや町内会などの相談で、役員がなかなか決まらなかったとします。
　その時、他の人からその役員を引き受けてほしいと何度も頼まれて、引き受けるとしたら、どんなふうに言いますか？　　　　　　　　（面接調査票　問7.1.）
　「私でよければ」「僕でよければ」のような謙遜の言い方だけでとどめて、「引き受けます」に当るところをはっきり言わない言い方は、どんな感じがしますか。
＜リスト＞　　　　　　　　　　　　　　　　　　　　（面接調査票　問7.2.）
　何度も頼まれたけれども断るとしたら、どんな言い方になりますか？
　　　　　　　　　　　　　　　　　　　　　　　　　（面接調査票　問7.3.）
　「自分には無理だから」とか「いそがしいから」のような理由だけで止めてもいいと思いますか？　それとも、「できません」とか「無理です」のような断りまできちんと言った方がいいと思いますか？　　　　　　　　（面接調査票　問7.4.）
＜リスト＞　　1．理由だけでいい
　　　　　　　2．断りまで言うべきだ

＊高校生の調査では、問7.1.の「老人クラブや町内会など」は「部活動」とした。

〔訪問販売の断り〕

　一人で留守番をしている時に、新聞購読を勧める男のセールスマンが訪ねてきたとします。その人の話を断るとしたらどのように言いますか？（面接調査票　問9.1.）
　「家の者が留守だから」などのような理由だけで留めても断ったことになると思いますか？　それとも断りの言葉をきちんと最後まで言った方がいいと思いますか？
＜リスト＞　　　　　　　　　　　　　　　　　　　　（面接調査票　問9.2.）
　　　　　　　1．理由だけで留めても断ったことになる。
　　　　　　　2．断りの言葉をきちんと最後まで言った方がいい。

〔食事の勧めと断り〕

　家にあなたの親しい人が来たとします。食事どきになったので、用意してあった食事をその人に勧めるとしたら、どんな言い方になりますか？　　（面接調査票　問12.1.）
　逆に、あなたが親しい人の家を訪問したとき、用意してあった食事を相手から勧められたとします。それを受入れるとしたらどんな言い方をしますか？
　　　　　　　　　　　　　　　　　　　　　　　　　（面接調査票　問12.2.）
　では、食事を勧められて辞退するとしたらどんな言い方をしますか？
　　　　　　　　　　　　　　　　　　　　　　　　　（面接調査票　問12.3.）

＊高校生の調査では、問12.1.と問12.2.の「あなたの親しい人」は「友達」とした。

　こうした断りの場面においては、典型的には、「すみませんが、○○なので△△できません」のように、「詫び」と「理由説明」と「断りの述部」の三つの要素が現われることが期待される。そこで本章では、断りにおいて典型的に

現われうるこれら三つの要素に注目し，これらの出現傾向や，話者のそうした表現の使用／不使用に関する意識を分析することにする。

3. 分析
3.1. 詫び

依頼や勧めを断る際，相手の期待や好意に沿えないことへの詫びの表現(ゴメンネ，ワルイケド，スミマセンガ，モーシワケアリマセンなど)を添えることが日常会話の中でよく見られる。分析対象とした3場面において，何らかの詫びの表現をした人がどの程度いたかを分析したところ**図 5-1** の結果が得られた。

```
訪問販売の断り    19.2
役員依頼の断り    45.6
食事勧めの断り    52.7
```

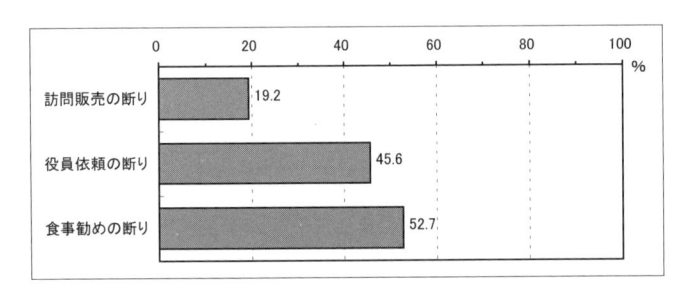

図 5-1　断る際に詫びを言う回答者の比率(全体)

詫びを言う人は，「訪問販売の断り」で約2割，「役員依頼の断り」と「食事勧めの断り」で5割前後である。相手と日常的な関係が特に形成されているわけでなくまた依頼を引き受ける義務もない「訪問販売の断り」で詫びを言う人は少ない。その一方で，「役員依頼の断り」「食事勧めの断り」のように人間関係がすでに形成されている間柄で詫びを言う人は約半数いる。「役員依頼の断り」については，役員がいわゆる持ちまわりである場合は引き受けることがなかば義務化しており，それが果たせないことに対する負い目も詫びの出現を促しているかもしれない。相手と日常的な関係が形成されていない場合や，依頼を受け入れる必然性が特にない場合は詫びの出現率が低くなる一方，その逆の場合は出現率が高くなるという分布傾向から，確かに詫びは相手への配慮として機能していると見ることができそうである。

回答者による自由コメントを見ると，「食事勧めの断り」については，詫びの言葉がないと相手に失礼だというコメントがある。このような回答者の意識からも，詫びが，相手に対し失礼にならないための配慮として機能しているこ

とが伺える。また,「役員依頼の断り」については,「デキマセン」という表現はきつい感じがするので「ゴメンナサイ」や「スミマセン」などの詫びの表現で断りの意思を示すというコメントも見られる。断りを明言すると相手との関係を損なう恐れがあるため詫びのみを言うということであるが,これも関係維持の配慮として詫びが用いられていることを示すコメントと見ることができる。

図5-1では,具体的な詫びの表現を区別せずひとくくりにして分析したが,具体的な表現を類型化し,それらの構成比により3場面で比較して示したのが図5-2である。

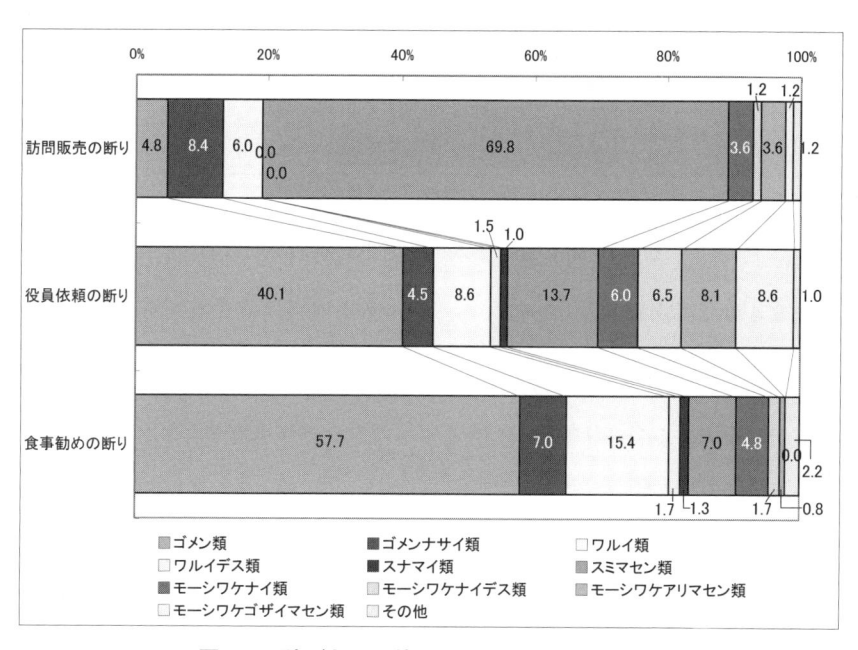

場面	ゴメン類	ゴメンナサイ類	ワルイ類	ワルイデス類	スナマイ類	スミマセン類	モーシワケナイ類	モーシワケナイデス類	モーシワケアリマセン類	モーシワケゴザイマセン類	その他
訪問販売の断り	4.8	8.4	6.0	0.0	0.0	69.8	3.6	3.6	1.2	1.2	1.2
役員依頼の断り	40.1		4.5	8.6	1.5	13.7	1.0	6.0	6.5	8.1	8.6	1.0
食事勧めの断り	57.7		7.0	15.4	1.7	7.0	1.3	4.8	1.7	0.0	2.2	0.8

図5-2 詫びとして使われた表現の内訳(全体)

同じく詫びと言っても,「訪問販売の断り」と「役員依頼の断り」「食事勧めの断り」とで具体的な表現はずいぶん異なることがわかる。「訪問販売の断り」では「スミマセン類」が最も多く7割を占めるのに対し,「役員依頼の断り」「食事勧めの断り」では「ゴメン類」が多い。想定する相手との距離感の違いに起因するものと考えられそうだ。「役員依頼の断り」では「モーシワケナイ類」「モーシワケナイデス類」など「モーシワケ」を含む表現も少なくない。多少改まった依頼場面を想定しての表現かと思われる。

詫びの出現傾向は回答者の属性により異なる部分があるかもしれない。次にそれを見てみよう。

図5-3は男女別に見たものである。3場面とも男性より女性の方が数値が高い傾向にある。依頼や勧めを断る際に詫びを言うことは，男性よりも女性に多いと言えそうである。

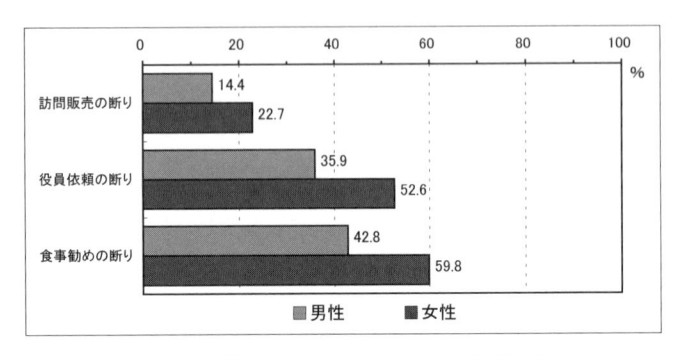

```
訪問販売の断り  男性 14.4  女性 22.7
役員依頼の断り  男性 35.9  女性 52.6
食事勧めの断り  男性 42.8  女性 59.8
```

図5-3　断る際に詫びを言う回答者の比率（性別）

図5-4は年齢層別に見たものである。年齢層間の回答者数をある程度そろえるため，ここでは高年層と壮年層をまとめて「高壮年層」とし，これを若年層と比較した。両年齢層を比較すると，「役員依頼の断り」においては数値の開きがやや大きく，高壮年層よりも若年層の方が詫びを言う人の比率が高い。

```
訪問販売の断り  高壮年層 16.7  若年層 22.1
役員依頼の断り  高壮年層 39.0  若年層 52.9
食事勧めの断り  高壮年層 52.6  若年層 52.7
```

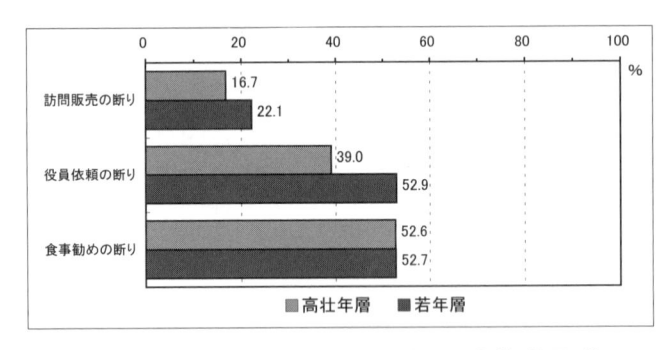

図5-4　断る際に詫びを言う回答者の比率（年齢層別）

図5-5は地域別に見たものである。全体として顕著な地域差は見られないが，「役員依頼の断り」における東京と京都の数値の開きはやや大きく，こうした場面では，京都よりも東京の方が詫びを言う人の比率が高い。

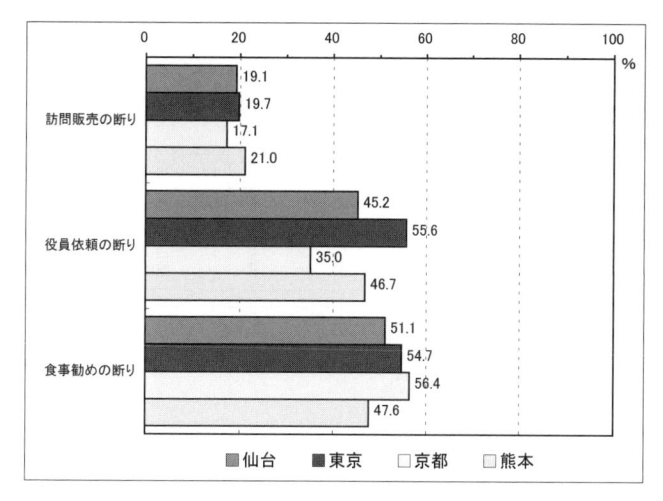

第5章 依頼・勧めに対する断りにおける配慮の表現

図5-5 断る際に詫びを言う回答者の比率（地域別）

訪問販売の断り: 仙台 19.1, 東京 19.7, 京都 17.1, 熊本 21.0
役員依頼の断り: 仙台 45.2, 東京 55.6, 京都 35.0, 熊本 46.7
食事勧めの断り: 仙台 51.1, 東京 54.7, 京都 56.4, 熊本 47.6

3.2. 理由説明

依頼や勧めを断る際，相手の期待や好意に応じられない理由を述べることも日常会話でよく見られる。たとえば，時間がないからとか，自分には判断できないからとか，すでに充足しているからといった理由を述べるのである。会話の状況にもよろうが，何も理由を言わずに断るのと，理由を述べて断るのとでは，一般に後者の方が相手に対し配慮していると感じられることが多いのではないだろうか。つまり，理由説明を言うか言わないかも，相手に対する配慮として機能していることが考えられる。そこで，分析対象とした3場面において，何らかの理由説明をした人がどの程度いたかを分析した。**図5-6**がその結果である。

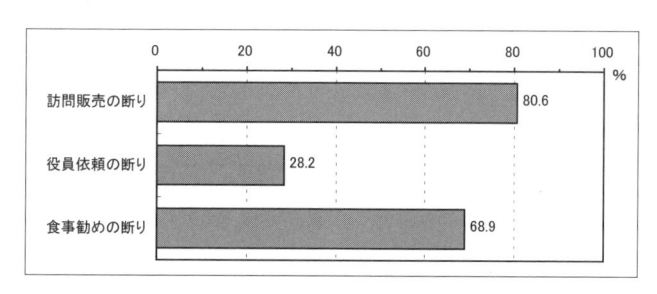

図5-6 断る際にその理由を言う回答者の比率（全体）

訪問販売の断り: 80.6
役員依頼の断り: 28.2
食事勧めの断り: 68.9

理由説明をした人は，「訪問販売の断り」で約8割，「役員依頼の断り」で約3割，「食事勧めの断り」で約7割であった。「訪問販売の断り」や「食事勧め

の断り」で多く，逆に「役員依頼の断り」で少ない。

「訪問販売の断り」の理由説明の内容を分類したところ図5-7のようであった。「対応不能」は「今手ガハナセナイノデ」など，「家人不在」は「今親ガイナイノデ」など，「他紙購読」は「○○新聞オ取ッテイルノデ」など，「充足」は「マニアッテマス」などである。

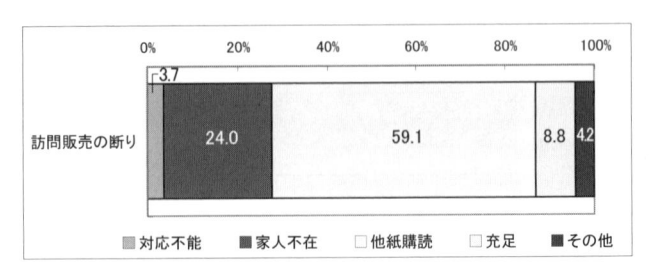

	0%	20%	40%	60%	80%	100%
訪問販売の断り	3.7	24.0		59.1	8.8	4.2

■対応不能　■家人不在　□他紙購読　□充足　■その他

図5-7　「訪問販売の断り」の理由表現の内訳（全体）

最も多いのは「他紙購読」で約6割を占める。複数の新聞を定期購読することは現在でもそれほど一般的でなく通常は一紙であることを考えると，すでに他紙を購読していることを伝えることは，断りを決定的にすることにつながるという意識かと思われる。次いで多いのは「家人不在」（責任を持って応答できる者の不在）である。応答に出るのが未成年者や高齢者などの場合，依頼する側にとっては埒が明きそうにないという判断に至り，引き取らざるを得ないことになろう。こうした理由の具体的表現を見ると，「訪問販売の断り」で数値が高いのは，相手との関係維持に対する配慮というよりも，断りという目的達成を確実にするためである面が強いように思われる。

一方，「役員依頼の断り」で理由説明を言う人は少ない。理由を分類すると図5-8のようであった。

	0%	20%	40%	60%	80%	100%
役員依頼の断り		42.6	17.2	15.5	1.6 / 4.9	18.0

■多忙　■家庭の事情　□健康状態
□十分やった　■曖昧な事情説明　■（ナニナニ等）

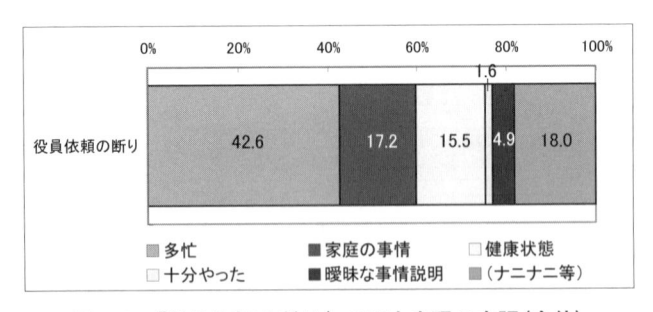

図5-8　「役員依頼の断り」の理由表現の内訳（全体）

「多忙」「家庭の事情」「健康状態」の三つが，具体的な理由が表現されなかった「（ナニナニ等）」を除く部分のほとんどを占める。これらの理由は誰もが該当しそうであり，断る理由としてはやや説得力が弱そうだ。また，こうした理由を言った場合，言い訳がましく受け取られる恐れもあろう。そうしたことが，「役員依頼の断り」で理由説明を言うことを消極的にしている可能性がある。もっとも，何が何でも断る場合は理由をあれこれたくさん並べて言うというコメントもしばしば見られた。切羽詰った状況などでは，また別の意識が働くのかもしれない。

もう一つの「食事勧めの断り」で理由説明を言う人は多い。すでに人間関係が形成されている間柄で，関係を維持しつつ相手の好意への断りを納得してもらうためには，きちんとした理由説明が必要だと意識する人が多いのであろう。回答者の自由コメントを見ると，理由説明がないと相手に対し失礼だ，相手は不安に思うだろう，理由説明があった方が相手を傷つけず柔らかな物言いになるという類のコメントがしばしば見られた。さらには，嘘をついてでも理由を言うというコメントもいくつか見られた。

理由の内容を分類すると図 5-9 のようであった。

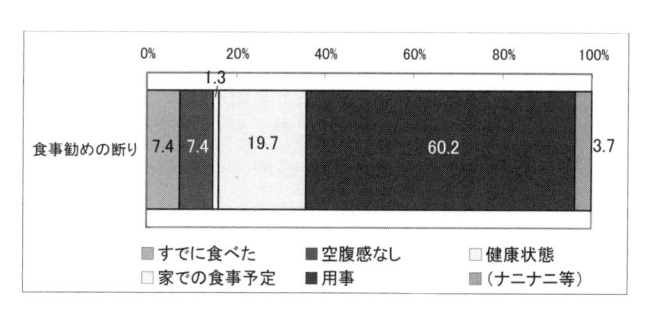

図 5-9 「食事勧めの断り」の理由表現の内訳（全体）

食事勧めの断り	すでに食べた	空腹感なし	健康状態	家での食事予定	用事	（ナニナニ等）
	7.4	7.4	1.3	19.7	60.2	3.7

最も多いのは「用事」の約 6 割，次いで「家での食事予定」の約 2 割である。こうした理由説明には，実際にはそうではないが相手を納得させるためそう言っているという場合も少なからずあるのではないかと推測される。

高校生を対象としたアンケート調査では，上級生からの「誘い」を断るという場面で，「詫び＋断りの述部」という表現と，「詫び＋理由＋断りの述部」という表現を対比させ，どちらがより丁寧な言い方だと思うか，すなわち理由説明があるものとないものとでどちらがより丁寧だと思うか質問した。面接調査

で言えば「食事勧めの断り」に状況として近い。具体的には,「無理です。」と「～から無理です。」という二つのタイプの表現を対比する形で提示して判断を求めた(資料2の「アンケート調査票」の問19-Bが該当する設問)。結果は図5-10のとおりであった。

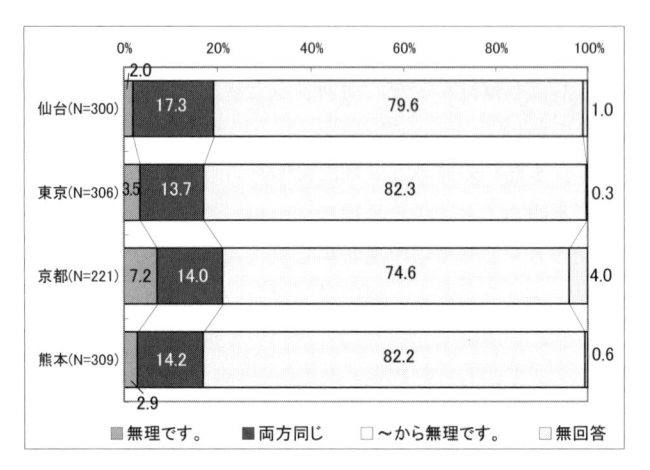

	無理です。	両方同じ	～から無理です。	無回答
仙台(N=300)	2.0	17.3	79.6	1.0
東京(N=306)	3.5	13.7	82.3	0.3
京都(N=221)	7.2	14.0	74.6	4.0
熊本(N=309)	2.9	14.2	82.2	0.6

図5-10 「無理です。」と「～から無理です。」はどちらが丁寧か

　理由説明がない方(「無理です。」)が丁寧だと回答した生徒は,地域に関わりなく非常に少なく1割に満たない。これに対し理由説明のある方(「～から無理です。」)が丁寧だと回答した生徒は,どの地域でも8割前後と非常に多い。この結果から,少なくとも高校生の意識としては,「誘い」を断る際に理由説明をすることは相手への配慮と意識されていること,丁寧な断り方と意識されていることが伺える。
　次の図5-11も,アンケート調査の関連する設問を集計したものである(資料2の「アンケート調査票」の問19-Cが該当する設問)。すなわち,相手の「誘い」を断る際,理由説明を言いさして結局それを言わない言い方(「ちょっと。」)と,それを言う言い方(「ちょっと～から。」)とを対比させ,どちらがより丁寧だと思うかを回答してもらったものである。

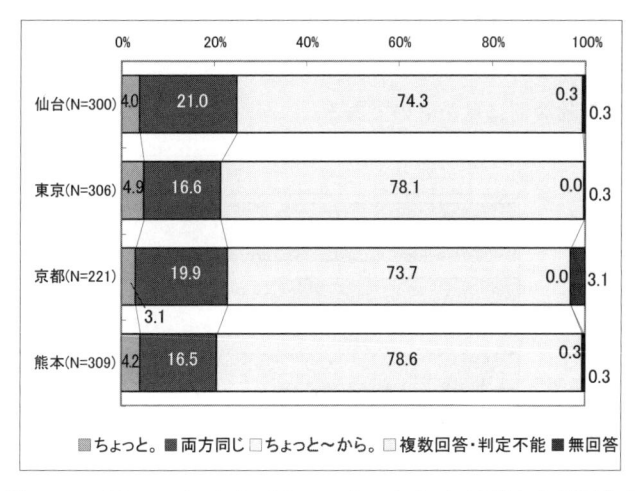

図 5-11 「ちょっと。」と「ちょっと〜から。」はどちらが丁寧か

　結果は，理由説明を言う方が丁寧だと回答した生徒が 7 〜 8 割に達し，ここからも，理由説明をしっかり述べる方が，上級生からの誘いを断る状況では丁寧だと意識されていることが伺える。

　こうしたアンケート調査の結果からも，「食事勧めの断り」における理由説明は，相手への配慮からなされているものと考えることができる。

　理由説明の出現傾向も，回答者の属性により異なる部分があるかもしれない。次にそれを見てみよう。

　図 5-12 は男女別に見たものである。

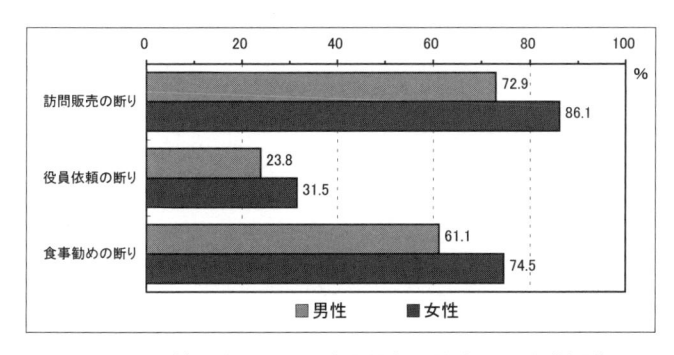

図 5-12　断る際にその理由を言う回答者の比率（性別）

　先に見た「詫び」と同様，3 場面とも，男性より女性の方が数値がやや高い。

依頼や勧めを断る際に理由説明をすることも，男性より女性にやや多いと言えそうである。

図 5-13 は年齢層別に見たものである。

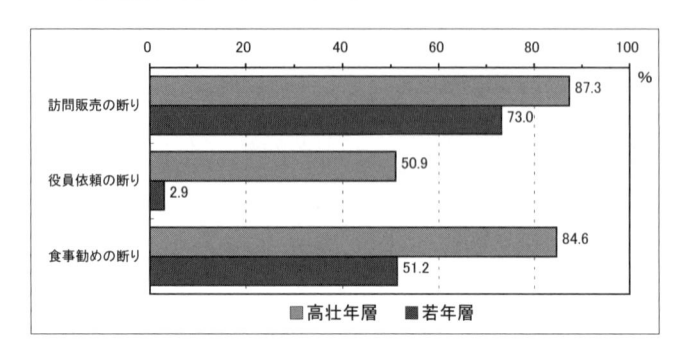

図 5-13　断る際にその理由を言う回答者の比率（年齢層別）

訪問販売の断り：高壮年層 87.3／若年層 73.0
役員依頼の断り：高壮年層 50.9／若年層 2.9
食事勧めの断り：高壮年層 84.6／若年層 51.2

先に見た「詫び」と異なり，全体的に若年層より高壮年層の方が数値が高い。特に「役員依頼の断り」においては，両年齢層で数値の開きが非常に大きく，若年層で理由説明を言う人は極めて少ない。若年層の場面設定を，日常生活での現実性を考慮して，「部活動の相談」という，高壮年層の設定場面より多少仲間内の状況にしたことが影響している可能性がある。

図 5-14 は地域別に見たものである。

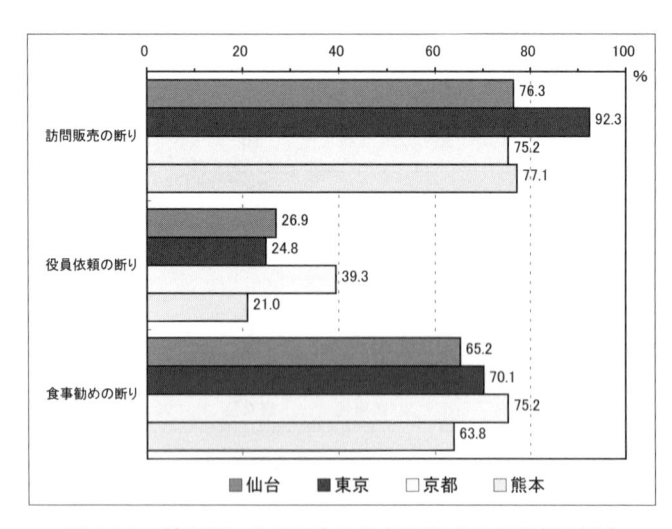

図 5-14　断る際にその理由を言う回答者の比率（地域別）

訪問販売の断り：仙台 76.3／東京 92.3／京都 75.2／熊本 77.1
役員依頼の断り：仙台 26.9／東京 24.8／京都 39.3／熊本 21.0
食事勧めの断り：仙台 65.2／東京 70.1／京都 75.2／熊本 63.8

全体的に顕著な違いは見られないが,「訪問販売の断り」における東京と,「役員依頼の断り」における京都が,それぞれ他の地域より数値が高い点が注目される。先に見たように,京都では「役員依頼の断り」において詫びを言う人の比率が他地域よりも少なかった(図5-5)。「役員依頼の断り」で詫びを言う人は他地域よりも少なめだが,理由を言う人はむしろ多めというのが京都の特徴と言えそうである。

3.3. 断りの述部

断りの発話において,自分は断りを言っているのだということを相手に端的に示す部分は,「いりません」「結構です」「お断りします」「いいよ」「できません」「いやだよ」などの断りの述部であろう。意図の伝達という目的達成のためには,これを明言するのが最も効果的である。しかし,意図が明白であるがために相手との関係を損ねる危険性もあり,明言することには慎重になる面もあろう。

そこで,断りの述部と判断される表現に注目し,その出現状況がどうであるか,また具体的にどのような表現が出現しやすいかを分析した。なお,断りの述部と言った場合,狭い意味では「お断りします」「やりません」などの表現が該当しようが,ここでは,「できません」「無理です」のような可能性の否定に関する表現や,「いやだよ」「～したくない」のような拒絶的な気分に関する表現も含めることとする。

図5-15は断りの述部を言った人の比率である。

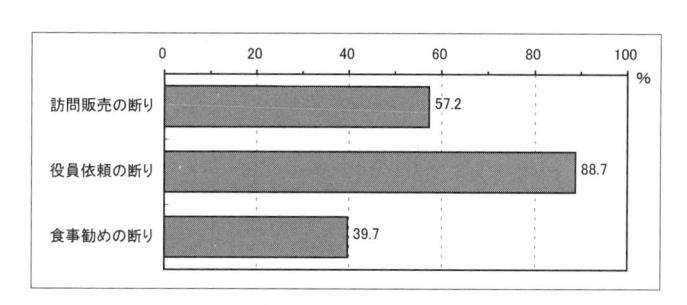

図5-15 断る際に断りの述部を言う回答者の比率(全体)

	%
訪問販売の断り	57.2
役員依頼の断り	88.7
食事勧めの断り	39.7

断りの述部を言った人は,「訪問販売の断り」で約6割,「役員依頼の断り」で約9割,「食事勧めの断り」で約4割であった。

「訪問販売の断り」で断りの述部を言う人はどちらかと言えば多い。販売員と個人的関係が形成されている場合は一般に少なく，明確に断っても関係維持に影響が出るケースは少ないと思われる。依頼に応じる義務も特にない。また，押しが強いであろう相手への効果的な対処として断りの述部を言うことは一般に有効であると考えられる。こうしたことが，「訪問販売の断り」で断りの述部を言うことを促進する要因となっているものと考えられる。一方，断りの述部を言わない人については，先に見た理由説明の内訳の6割を占める「他紙購読」を明言することが，一紙購読が一般的な現状においては断りの決定的な理由となりうるためあえて断りの述部まで言う必要を感じなかった，つまり「他紙購読」を明言することがすなわち断りを言っているのだという意識から言わなかった人が少なからずいるのではないかと思われる。

この「訪問販売の断り」の述部を分類すると図5-16のようであった。こうした場面では「結構ダ類」や「イラナイ類」を用いる人が多い。

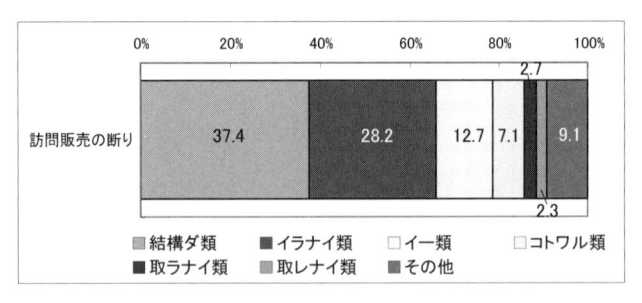

| 訪問販売の断り | 結構ダ類 37.4 | イラナイ類 28.2 | イー類 12.7 | コトワル類 7.1 | 取ラナイ類 2.3 | 取レナイ類 2.7 | その他 9.1 |

図5-16　「訪問販売の断り」の述部の内訳（全体）

これに対し「役員依頼の断り」は，これまで築いてきた相手との関係を損ねる危険性を考慮し，断りの述部を明言しにくい場面かと思われた。しかし，発話データを分析したところ，9割ほどの人は断りを明言しており，そのような意識はあまりないようである。「役員依頼の断り」という場面では，相手に遠慮して断っているのかどうかあいまいな言い方をした場合，意思が不明確になりかえって相手に迷惑をかけてしまう状況も考えられ（後出の関連質問にもその種のコメントが見られる），そうした意思伝達の確実性が優先された結果かと思われる。相手に確実に伝えるということもまた，相手に対する配慮のひとつであろう。

「役員依頼の断り」の表現を分類すると図5-17〜-20のようであった。

「役員依頼の断り」は表現の種類が多いため，まずは図5-17において次の三つの型に大分類した。

　(1)断りを明示的に伝える「断ワル型」
　(2)可能性を否定する「不可能ダ型」
　(3)拒絶的気分を示す「嫌ダ型」

これによると，「不可能ダ型」が最も多く，全体の約6割を占める。

次にそれぞれの内訳を見てみよう。

「断ワル型」の内訳を図5-18により見ると，「コトワル類」が最も多く，これに「ヤラナイ類」「遠慮・辞退スル類」が次ぐ。「不可能ダ型」の内訳を図5-19により見ると，「デキナイ類」が最も多く，これに「引キ受ケラレナイ類」が次ぐ。また，「嫌ダ型」の内訳を図5-20により見ると，「イヤダ類」が最も多く，これに「勘弁・堪忍シテ類」「〜シタクナイ類」が次ぐ。全体としては「不可能ダ型」の「デキナイ類」が最も多く，全体の約3割を占めている。

もう一つの「食事勧めの断り」で述部を言う人の割合は約4割であり，どちらかと言えば少数派である。場合によってはすでに行動を起こしている（食事の用意をしている）かもしれない相手の好意に応じられないことを伝えるわけであるから，言い方にもよろうが，断りの述部を明言することは相手との関係を損ねる危険性がある。そのため断りの述部を言う人がむしろ少ないのかもしれない。極端な場合，「いいです」という断りをあえて言わなくても，食べずに辞去するという実質行動により食べないということを伝えることもできるわけで，そのためあえて明言しないでおこうという意識もありえよう。

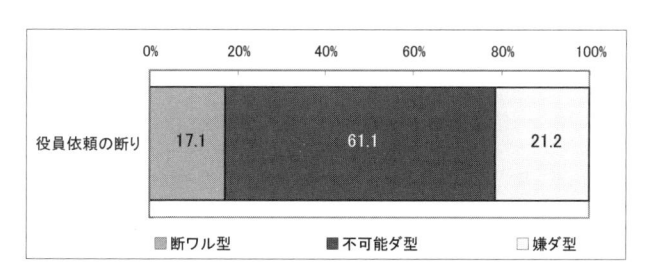

| 役員依頼の断り | 断ワル型 17.1 | 不可能ダ型 61.1 | 嫌ダ型 21.2 |

図5-17　「役員依頼の断り」の述部の内訳（大分類）（全体）

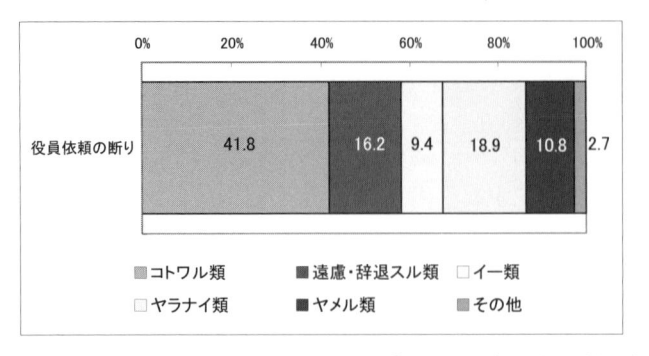

図 5-18 「役員依頼の断り」の述部の「断ワル型」の内訳(全体)

役員依頼の断り: コトワル類 41.8 / 遠慮・辞退スル類 16.2 / イー類 9.4 / ヤラナイ類 18.9 / ヤメル類 10.8 / その他 2.7

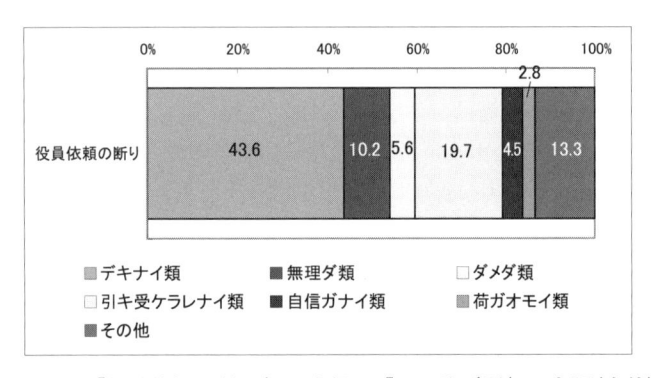

図 5-19 「役員依頼の断り」の述部の「不可能ダ型」の内訳(全体)

役員依頼の断り: デキナイ類 43.6 / 無理ダ類 10.2 / ダメダ類 5.6 / 引キ受ケラレナイ類 19.7 / 自信ガナイ類 4.5 / 荷ガオモイ類 2.8 / その他 13.3

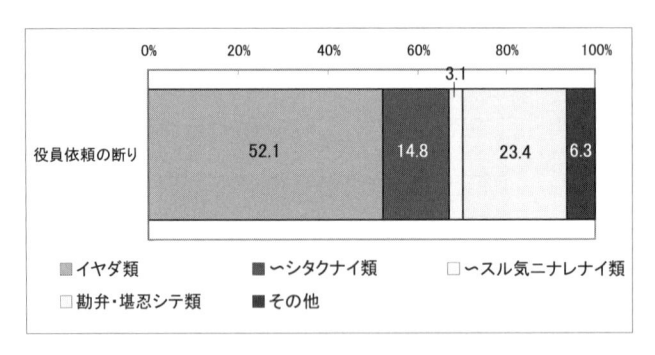

図 5-20 「役員依頼の断り」の述部の「嫌ダ型」の内訳(全体)

役員依頼の断り: イヤダ類 52.1 / ～シタクナイ類 14.8 / ～スル気ニナレナイ類 23.4 / 勘弁・堪忍シテ類 3.1 / その他 6.3

「食事勧めの断り」の述部を分類すると**図 5-21** のようであった。

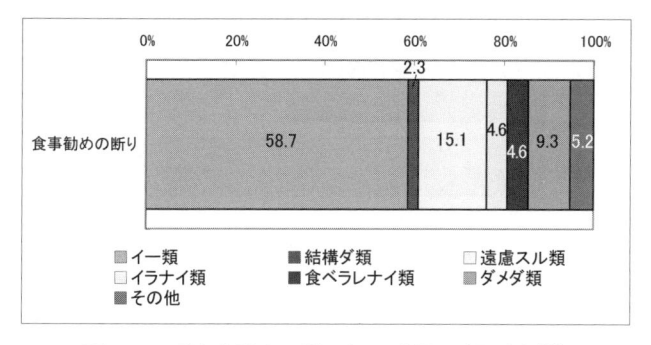

図 5-21 「食事勧めの断り」の述部の内訳（全体）

こうした場面では「イー類」を用いる人が最も多く約 6 割を占める。
具体的表現というレベルにおいては，断る状況が異なるということもあり，三つの場面でずいぶん違いが認められる。
次に，回答者の属性別に断りの述部の出現傾向を見よう。
図 5-22 は男女別に見たものである。

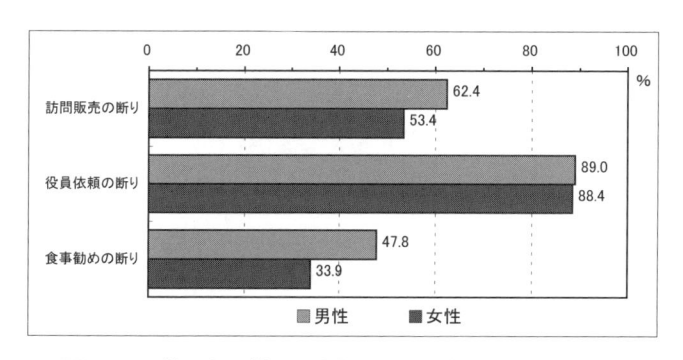

図 5-22　断る際に断りの述部を言う回答者の比率（性別）

男女による大きな違いはないが，「訪問販売の断り」や「食事勧めの断り」において断りの述部を言うのは，女性より男性にやや多いと言えそうである。
図 5-23 は年齢層別に見たものである。

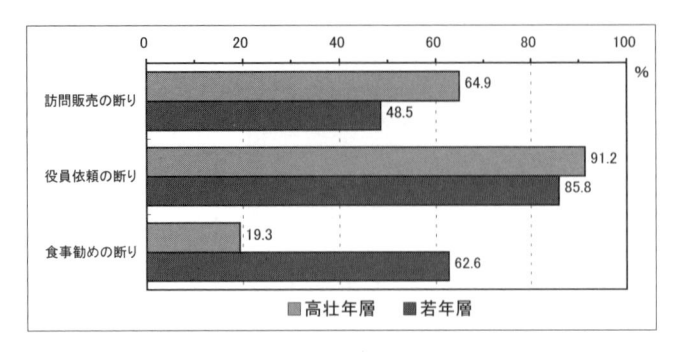

図 5-23　断る際に断りの述部を言う回答者の比率（年齢層別）

「食事勧めの断り」で顕著な年齢差が見られる。若年層はこうした場面で断りの述部を言う者が約6割と比較的多いのに対し，高壮年層は約2割にとどまる。高壮年層に比べ若者同士の間でははっきりと断りを言いやすいのかもしれない。また，言語意識が現在変化しつつあり，それが年齢差として現れている可能性も考えられる。経年調査によりそれを確認する必要がある部分と言えそうだ。

図5-24は地域別に見たものである。

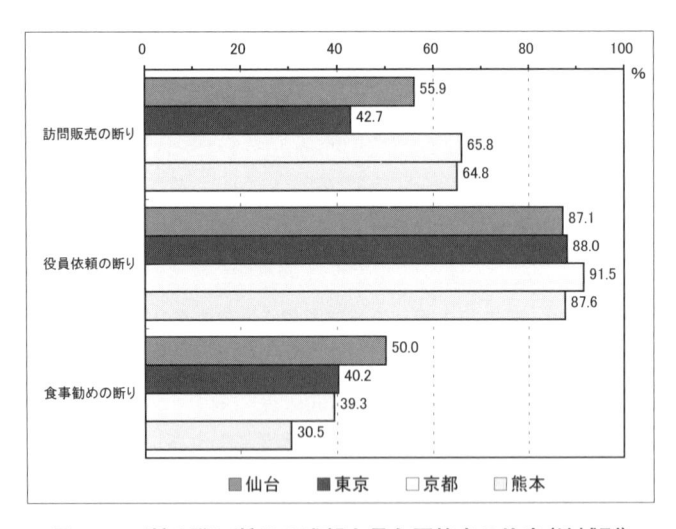

図 5-24　断る際に断りの述部を言う回答者の比率（地域別）

顕著な地域差は見られないが，「食事勧めの断り」で，仙台で数値が高く逆

に熊本で低く，東京と京都はその中間であり，地理的配置と数値の推移との間に一貫性がある程度見られる点が注目される。また，「訪問販売の断り」で，東京の数値が他より大幅に低くなる点も注目される。

●断りの述部を言う／言わないに関する意識

　断りの述部を言う人の比率が高い「役員依頼に対する断り」と「訪問販売に対する断り」については，回答者から発話回答を得たのち，下記のリストを提示しつつ，理由まででとどめて断りの述部を言わない言い方(それぞれリストの上段)と，断りの述部まで言う(つまり理由も言う)言い方(リストの下段)とを対比させ，どちらがよいと思うかをさらに質問した(資料1の「面接調査票」では問7.4.と問9.2.が該当)。すなわち，断りの述部を明言することについて，評価意識の点から質問したのである。

<「役員依頼の断り」の提示リスト>

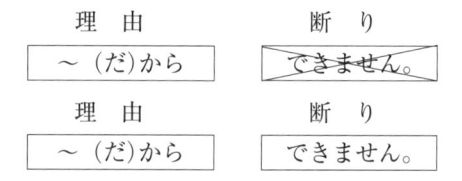

　　　　理　由　　　　　　　断　り
　　　| 〜（だ）から |　　| ~~できません。~~ |

　　　　理　由　　　　　　　断　り
　　　| 〜（だ）から |　　| できません。 |

<「訪問販売の断り」の提示リスト>

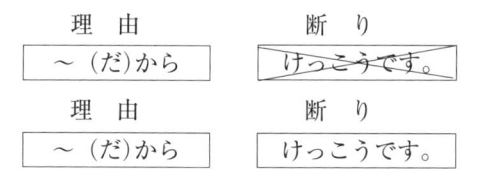

　　　　理　由　　　　　　　断　り
　　　| 〜（だ）から |　　| ~~けっこうです。~~ |

　　　　理　由　　　　　　　断　り
　　　| 〜（だ）から |　　| けっこうです。 |

　回答を集計したところ，図5-25〜-32の結果が得られた。

　まず，図5-25，図5-26により全体的傾向を見ると，いずれの場面においても，「理由だけでいい」が約2割，「断りまで言うべきだ」が7〜8割であることがわかる。全体としては，こうした場面では断りまで言うべきだと意識する人が多い。先に述べた発話回答の分析結果と符合する傾向が見られる。

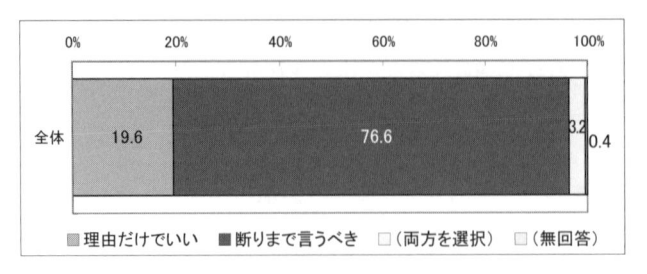

図 5-25 役員依頼を断るとき断りまで言った方がいいか（全体）

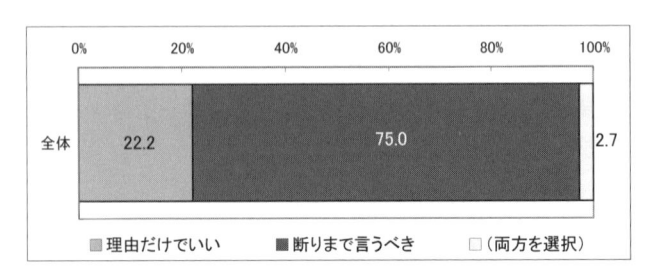

図 5-26 訪問販売を断るとき断りまで言った方がいいか（全体）

これを回答者の属性別に見てみよう。

男女差については，図 5-27 の「役員依頼の断り」では違いがほとんどないが，図 5-28「訪問販売の断り」では「断りまで言うべき」は女性にやや多いと言えそうである。

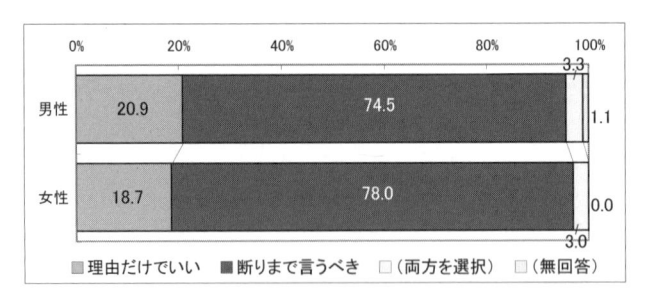

図 5-27 役員依頼を断るとき断りまで言った方がいいか（性別）

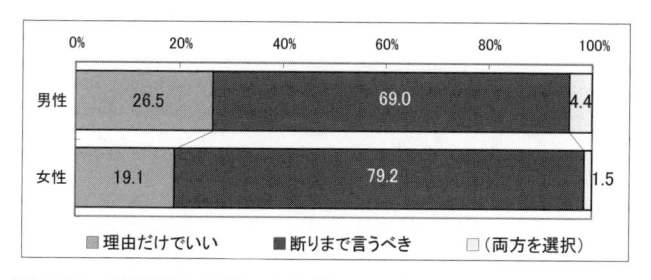

図 5-28 訪問販売を断るとき断りまで言った方がいいか(性別)

男性: 理由だけでいい 26.5、断りまで言うべき 69.0、(両方を選択) 4.4
女性: 理由だけでいい 19.1、断りまで言うべき 79.2、(両方を選択) 1.5

年齢層差(図 5-29, 図 5-30)については,「断りまで言うべき」は若年層よりも高壮年層にやや多いと言えそうである。

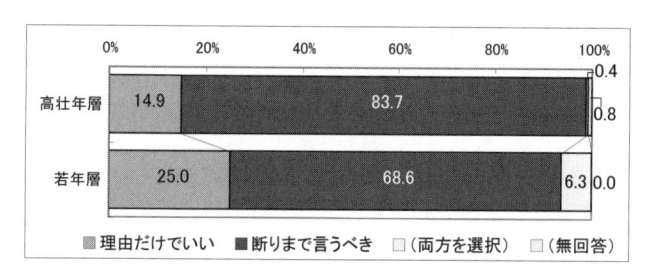

図 5-29 役員依頼を断るとき断りまで言った方がいいか(年齢層別)

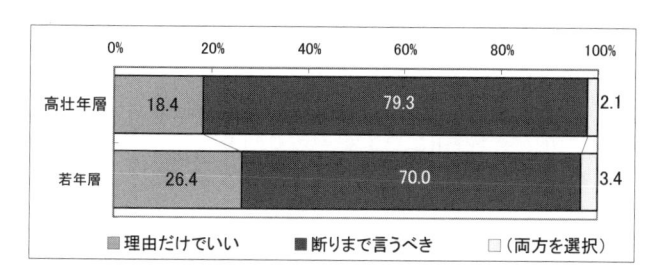

高壮年層: 理由だけでいい 14.9、断りまで言うべき 83.7、(両方を選択) 0.4、(無回答) 0.8
若年層: 理由だけでいい 25.0、断りまで言うべき 68.6、(両方を選択) 6.3、(無回答) 0.0

図 5-30 訪問販売を断るとき断りまで言った方がいいか(年齢層別)

高壮年層: 理由だけでいい 18.4、断りまで言うべき 79.3、(両方を選択) 2.1
若年層: 理由だけでいい 26.4、断りまで言うべき 70.0、(両方を選択) 3.4

地域差(図 5-31, 図 5-32)については,「役員依頼の断り」の場合,「断りまで言うべき」は仙台が他よりも数値が高く,逆に東京は「理由だけでいい」が他よりも数値がやや高い。「訪問販売の断り」でも東京にその傾向が見られる。

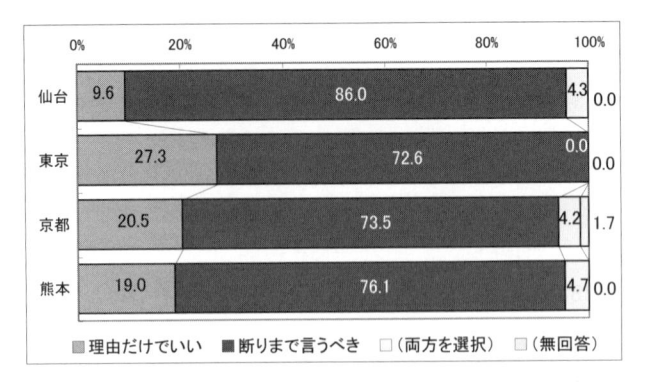

図5-31 役員依頼を断るとき断りまで言った方がいいか(地域別)

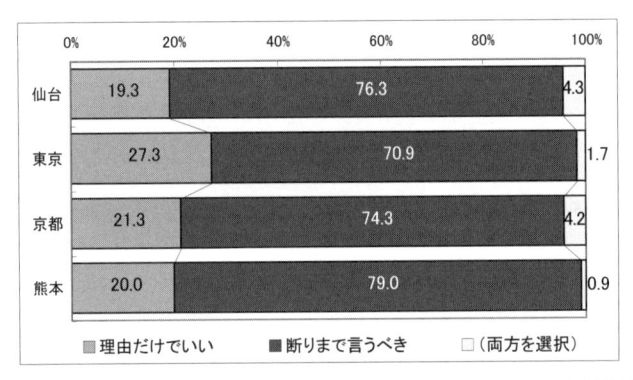

図5-32 訪問販売を断るとき断りまで言った方がいいか(地域別)

　さて，この選択肢式質問でも，回答者の約6割から自由コメントが得られた。
「役員依頼の断り」で「理由だけでいい」と回答した人のコメントを見ると，
「理由だけでも意図が十分伝わるから」というどちらかと言えば消極的な理由
を挙げる者と，「断りまで言うのはきつく響くから」というどちらかと言えば
積極的な理由を挙げる者に二分できそうだ。「理由だけでいい」と意識する者
は全体としては少数派だが，相手にきつく聞こえることを回避しようとする配
慮から断りの述部を言わない人が確かにいることは確認される。
　一方，「役員依頼の断り」で「断りまで言うべきだ」と回答した人のコメン
トを見ると，断りまで言わないと引き受ける余地が残っているようで相手に期
待させてしまうという伝達意図のあいまい性を挙げる人が多い。このあいまい
性ということの派生と考えられるコメントとして，断りまで言わないのは相手

に失礼だ・迷惑をかける・自分が言われないとしたらイライラするというコメントや，断りまで言う方が丁寧だという反対方向からのコメントが，地域や年齢層に関わりなくしばしば見られた（「訪問販売の断り」にはこの種のコメントは特に見られなかった）。ただし，断りの言葉はきつくない程度にすべきだ（「できません」ではきつい）という意見もある。目上の人に対する場合や会議の場面では「断りまで言うべきだ」というコメントも見られる。

日本人の言語行動の特徴のひとつとして，断りを明言せずあいまいにぼかすことが，相手に対する配慮として肯定的評価を伴って語られることがしばしばある。「役員依頼の断り」の回答者のコメントにも，そうした意識は確かに見られるのであるが，その一方で，断りを言わないのは失礼だ・丁寧でないと否定的に評価する人もいる。

断りの述部を言うことが丁寧かどうかについては，場面はやや異なるが，高校生に対するアンケート調査でも質問している。上級生からの誘いを「断る」という状況設定で，断りの言葉（「無理です」）を言うのと言わないのとでどちらがより丁寧だと思うかと質問したところ，図 5-33 の結果が得られた（資料 2 の「アンケート調査票」の問 19-A が該当する設問）。

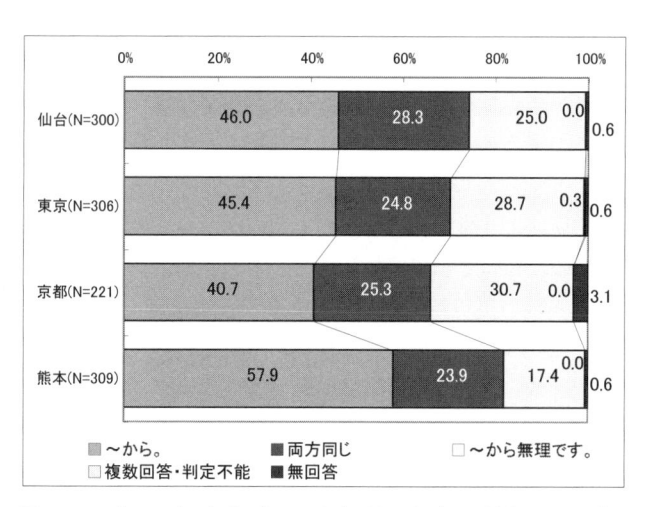

	～から。	両方同じ	～から無理です。	複数回答・判定不能	無回答
仙台(N=300)	46.0	28.3	25.0	0.0	0.6
東京(N=306)	45.4	24.8	28.7	0.3	0.6
京都(N=221)	40.7	25.3	30.7	0.0	3.1
熊本(N=309)	57.9	23.9	17.4	0.0	0.6

図 5-33 「～から。」と「～から無理です。」はどちらが丁寧か

全体としては，「から」でとどめて断りの言葉（「無理です」）を言わない方が丁寧だとする意見にやや傾くが，これと逆の意見や，どちらも同じという意見

も少なくない。ここにも，従来言われていることがあらゆる断りの場面に当てはまるわけではないこと，むしろ断りを明言する方が自分の意思を相手に確実に伝えられ相手に迷惑をかけずにすむという面もあることが伺える。

4. まとめ

　以上，本章では，「役員依頼の断り」「訪問販売の断り」「食事勧めの断り」という三つの「断り」の場面を取り上げ，こうした場面で典型的に現われうる「詫び」「理由説明」「断りの述部」という三つの要素に注目し，場面ごとの出現傾向がどうであるか，具体的表現を類型化するとどのようであるか，各場面においてどのような配慮が働いていると考えられそうか，また回答者の属性により出現傾向に違いがあるか等について見てきた。

　最後に，本章で得られたおもな知見をまとめておく。

4.1. 詫び

　「詫び」を言う人は，「訪問販売の断り」で約2割，「役員依頼の断り」と「食事勧めの断り」で5割前後であった。相手と日常的な関係が形成されているか否か，依頼を引き受ける必然性があるか否かに起因する違いと言えそうである。相手との関係がすでに形成されていたり引き受ける必然性がある場合には詫びの出現率が高くなることから考えると，詫びは確かに相手への配慮として機能していると考えることができそうである。「食事勧めの断り」では詫びがないと失礼だとする回答者のコメント，「役員依頼の断り」では「デキマセン」ではなく詫びにより断りの意思を示すという回答者のコメントからも，詫びが対人的配慮のひとつとして機能していることが伺える。

　詫びの具体的表現の出現傾向は場面により異なる。「訪問販売の断り」では「スミマセン類」が多いのに対し，「役員依頼の断り」や「食事勧めの断り」では「ゴメン類」が多い。相手との距離感の違いに起因するものと考えられそうである。

　詫びを言う比率は，回答者の属性によっても多少異なる。男女別では男性より女性の方が詫びを言う数値がやや高い。年齢層別では，「役員依頼の断り」において，高壮年層より若年層の方がやや高い。地域別では，「役員依頼の断り」において，京都より東京の方がやや高い。

4.2. 理由説明

　理由説明をした人は，「訪問販売の断り」で約8割，「役員依頼の断り」で約3割，「食事勧めの断り」で約7割であった。

　「訪問販売の断り」で数値が高いのは，理由説明の具体的内容から判断すると，相手との関係維持のためというよりも，断りという目的達成のためという面が強いと言えそうである。これに対し「役員依頼の断り」で数値が低いのは，理由の内容が誰もが該当しそうなものであり説得力にやや乏しいこと，また言い訳がましく受け取られる恐れがあることなどによる可能性がある。「食事勧めの断り」で数値が高いのは，相手との関係を維持しつつ断りを納得してもらうためには，きちんとした説明が必要だと意識されているためと考えられる。

　高校生を対象としたアンケート調査では，上級生からの「誘い」を断るという場面設定で調査したが，「理由説明」がある方が丁寧だ，また「ちょっと…」のように理由を言いさしで終えず「ちょっと用事がありますから」のように理由を最後まで言う方が丁寧だとする回答が多かった。こうしたことから考えると，「食事勧めの断り」の理由説明も，相手への配慮からなされているものと考えられる。

　理由説明を言う比率も，回答者の属性により多少異なる。男女別では男性より女性の方が，年齢層別では若年層より高壮年層の方が，理由説明を言う比率はそれぞれやや高い。ただし，若年層と高壮年層の差は設定場面が若干異なっていたため生じた可能性もある。地域別では，「訪問販売の断り」においては東京が，「役員依頼の断り」においては京都が，それぞれ他の地域よりも数値がやや高い。

4.3. 断りの述部

　断りの述部を言った人は，「訪問販売の断り」で約6割，「役員依頼の断り」で約9割，「食事勧めの断り」で約4割であった。

　「訪問販売の断り」で断りの述部を言う人はどちらかと言えば多い。販売員と個人的関係が形成されている場合は少なく，また依頼に応じる義務もないこと，断りの述部を言うことは押しが強いであろう相手への効果的な対処法であることなどが，述部を言うことを促進している可能性がある。逆に，断りの述部を言わないのは，理由説明で多かった「他紙購読」を明言することがすなわち断りを言っているのだという意識があるためと思われる。

「役員依頼の断り」で断りの述部を言う人は非常に多い。相手に遠慮してあいまいな表現をした場合，意思が不明確になりかえって相手に迷惑をかけてしまう場合も考えられ，そうした意思伝達の確実性が優先された結果かと思われる。

「食事勧めの断り」で述部を言う人はどちらかと言うと少ない。相手の好意に応じられないことを明言することは相手との関係を損ねる恐れがあるためと考えられる。

断りの述部を言う比率も，回答者の属性により多少異なる。男女別では，「食事勧めの断り」において，女性より男性の方が断りの述部を言う比率はやや高い。年齢層別では，「食事勧めの断り」において，高壮年層より若年層の方がかなり高い。地域別では，「食事勧めの断り」において，仙台で数値が高く逆に熊本で低く，東京と京都はその中間であり，地理的配置と数値の推移との間に一貫した傾向が見られる。

「役員依頼の断り」と「訪問販売の断り」については，断りの述部を明言することの評価意識も尋ねた。「理由だけでいい」が約2割，「断りまで言うべきだ」が7～8割であり，断りの述部まで言うべきだと意識する人が多く，発話回答の分析結果と符合する傾向が見られた。

5. 今後の課題

今回の調査では，「言葉によって断る」ということを前提とし，その際どのような表現を用いるかを調査した。

しかしながら，現実には，言葉以外による方法，すなわち動作や表情などの非言語行動により断りを伝えるということも少なくない。自由コメントの中にも，手で×を作って「役員依頼の断り」を示すなど，その種のコメントも散見された。また，「文の末尾を不明瞭に言う」など，発音面での配慮に言及していると思われるコメントも見られた。相手との関係維持に関わる配慮には，こうした非言語行動やパラ言語により実現される面も少なからずありそうだ。今後は，そうしたことがらにまで研究の視点を拡げ，配慮というものを対人的な「表現行動」としてより総合的に見ていく必要があろう。

第6章 ぼかし表現の二面性
―近づかない配慮と近づく配慮―

陣内正敬

＜要旨＞

　ぼかし表現は本来「遠慮意識」から発したものである。一方，現代の若者の間で一般的となった「とか」や「みたいな」などの新ぼかし表現は，逆に，改まりを減じる効果を持っている。つまり，相手との親和性を高める効果が見られる。これは，その用法が規範からずれているという逸脱意識に基づいた集団語性がそこに感じられていることによる。表現をぼかすことによってその意味を場面からの推察に任せる「高文脈性」は日本語の中で脈々と受け継がれてきたが，新ぼかし表現の特徴は，従来のぼかし表現とは違い，相手に近づく配慮として出現したことによる。

1. はじめに

　ものごとを表現する際にぼかしたり婉曲表現を用いたりすることは日本人の特徴として，あるいは日本文化の型のひとつとしてよく言われる。これは基底に「遠慮」という人間関係心理があり，そのことが相手の領域に直接的に踏み込まない表現を取らせるのである。そしてこれが表現効果としての「丁寧さ」を感じさせることになっている。

　現代日本語で対称詞として使われている「あなた」は，もともとは遠称方向詞であった。それが江戸期には敬意のある対称詞となっていったのは，遠慮意識にもとづいたぼかし表現が丁寧さを醸し出したからである。このようにぼかし表現が丁寧さを暗示し，その表現効果をねらって使われる現象は次の例（下線部）に示すようにきわめて日常的である。

・この<u>辺り</u>で終わりにしましょう。
・私<u>など</u>もその<u>よう</u>に考えております。
・部長<u>の方</u>からご説明をお願いします。

　これらは，使い始められた当時は，おそらく和らげ意識や丁寧さが十分に感じられたことであろうが，もはやごく普通の表現となっている。逆にぼかし表現のない言い方は，場合によっては唐突で直接的過ぎる印象を持たれてしまう

であろう。敬語の待遇価が時間の経過とともに低下する「敬意低減の法則」になぞらえれば,「ぼかし効果低減の法則」とでも言えよう。

　私自身の体験談であるが,このようなぼかし表現の日常化について外国人とのコミュニケーションの中で痛感したことがある。留学生に対する日本語教育の場面で,タヒルという学生を当てる際に「では,今度はタヒル君の方から答えてください。」と言った。するとタヒル君ではなく隣の席の学生が立ち上がって答えだしたのである。これは,「の方」を文字通り受け取って,その付近であればだれでもよい,と勘違いしたためである。また,同様に日本語教育場面で,ある学生の意見に対し,ほぼ同意のつもりで「そうかも知れませんねぇ」と応じたところ,その学生は「先生,"そうかも知れない"ではなくて,"そうです"ではないのですか」と不満げに言ったことがあった。「そうかも知れない」は確かに曖昧な表現で,言い方ひとつで肯定の程度はさまざまに変化する「含蓄のある」表現である。つまり,文字通りの解釈ではなく,表情などのノンバーバルな要素やイントネーションなどの韻律的特徴などからその真意を探る非常に難しい解読が必要となることがわかる。

2.　若者世代の「新ぼかし表現」

　ところで,最近は言葉の乱れとしてもよく話題になる,若者世代特有のぼかし表現を考えてみる。現代日本語の用法としては新しく,もっぱら話し言葉の中で使われる次のような新ぼかし表現は,一体どのような効果をねらって使われるものなのだろうか。従来の丁寧さを意識してのものなのか,それとも何か他の効果があるのか。

　例えば,以下の例文の下線部などである。

　　1)誘いを断る場面で,
　　　・ちょっと今日は無理系な感じ。
　　　・ビミョウくさいなぁ…
　　2)頼み事をする場面で,
　　　・消しゴムとか,借りたりしていい？
　　3)自分の意見を表明したり,情報を提供したりする場面で,
　　　・あの子,けっこうまじめ系だよ。
　　　・僕的には大丈夫だけど。
　　　・親とか,勉強しろとかでうるさい。

・それって，かわいく<u>なくなくない</u>↑（上昇音調）

極端な例では，自分自身のことについてもぼかし表現を使ったために，前述したような「異文化コミュニケーション摩擦」が生じた例もある。住所を聞かれて「そこら<u>辺とか</u>です」と，つい普段の口癖が出たために，自分の住んでいるところもはっきりしないのか，と驚かれ不思議がられたというのである。あるいは，自分の行動であっても「次の授業，出る<u>っぽい</u>」（次の授業出るつもり）と表現する真意も，それを使わない世代にはわかりづらい。

以下では，このような若者世代に特有な新ぼかし表現について，高校生への「アンケート調査」（後述の3参照）の結果をおもな資料として，その使用実態や運用意識を探る。また「面接調査」（後述3.2参照）からも関連する部分を引用しながら考察していく。

3．「新ぼかし表現」の使用実態と意識

若年層に見られる「新ぼかし表現」の使用実態や意識について，平成10年度（1998年度）に仙台市，東京都，京都市，熊本市の4地域の高校生を対象として行われたアンケート調査（以下「アンケート調査」）と，同じく4地域の若年層から高年層にわたって行われた面接調査（以下「面接調査」）との結果を分析していく。

3.1．「アンケート調査」に見る新ぼかし表現の使用実態と意識

この調査の地域別・男女別の回答者数は**表6-1**の通りである。地域，男女ともに多少の差異があるが，総数1136名で，各セルとも十分の数である。

表6-1　回答者数（地域×性）

調査地域	男	女	計
仙台	122	175	300
東京	162	144	306
京都	96	123	221
熊本	170	136	309

＊性別不明者がいるため男女の計が若干多い地域がある

まず、次のような質問についての回答結果から見ていこう。

> 若い人達の間で、「～とか」、「～みたいな」、「～って感じ」などのような言い方がよく使われることが話題になっています。こうした言い方について教えてください。
> A. あなた自身は使いますか？　　　　　　　（アンケート調査票　問20A）
> B. 使う相手についてはどう思いますか？
> 　　　　　　　　　　　　　　　　　　　　（アンケート調査票　問20B）
> C. このような言い方について、どう思いますか？
> 　　　　　　　　　　　　　　　　　　　　（アンケート調査票　問20C）

(1)　使用実態

新ぼかし表現を使用するかどうかについて、質問文とそれに対する選択肢の回答率(4地域平均)を挙げる。

表6-2　新ぼかし表現の使用

A．あなた自身は使いますか？
1．よく使う　　　　18.8%
2．ときどき使う　　34.4
3．あまり使わない　38.8
（その他）　　　　　8.0

「よく使う」と「ときどき使う」を合わせると、53.2%と過半数に達している。男女別に見ると、どの地域も女子が圧倒的に多い。「よく使う」と「ときどき使う」それぞれの男女別割合(4地域平均)は以下のようになる。

表6-3　新ぼかし表現使用の男女差

	男	女
1．よく使う	8.8%	27.9
2．ときどき使う	24.9	43.1
計	33.7	71.0

第6章　ぼかし表現の二面性—近づかない配慮と近づく配慮—

　これに関連して，文化庁(2000)が『国語に関する世論調査　平成12年1月調査』の調査項目の中で，「ぼかす言い方，自信のない言い方」と題して「鈴木さんと話とかしていました」と言うかどうか尋ねた項目がある。
　図6-1はその使用率を年代別・性別に比較したものである。年代別に見ると男女とも10代が突出して高く，若者主流の新表現であることがわかる。男女別に見ると，40代で同じである以外は女性がどの世代も高く，とりわけ10代女子は唯一過半数に達している。なお，**表6-3**で，これよりもさらに17.0ポイントも高い数値が出ているのは，おそらく調査した4地域が大都市および中核都市であり，そこは新しい現象の発信地であることと関係があるのだろう。ちなみに「使う(よく使う+ときどき使う)」と答えたのは，4地域の中でも東京女子が74.2%と最も高く，このことを裏付けている。

（文化庁 2000 をもとに作成）

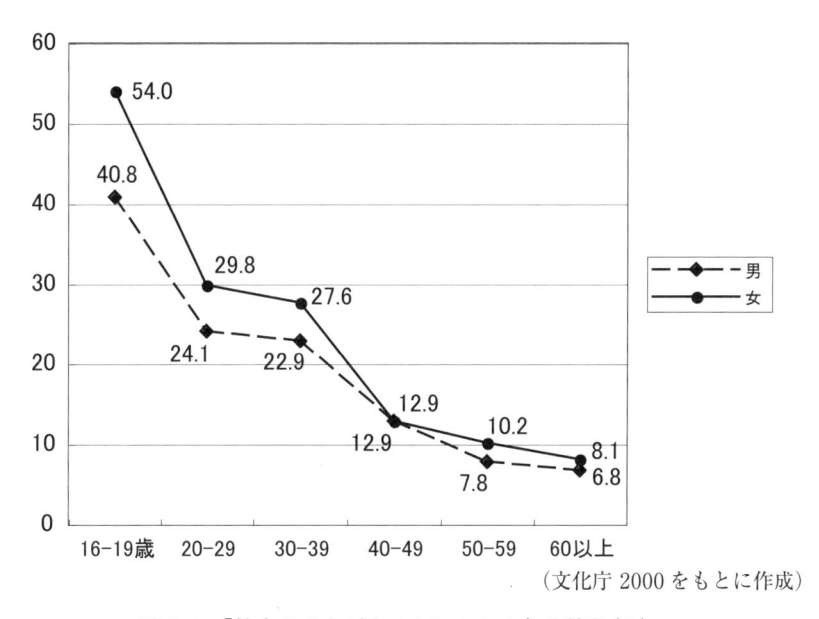

図6-1　「鈴木さんと話とかしてました」を使う(%)

(2) 使い分け意識

表 6-4　新ぼかし表現の使い分け意識

B. 使う相手についてはどう思いますか？

	全体	男	女
1. どんな相手でも，使ってかまわない	7.9%	8.6	6.8
2. 友達同士なら使ってもかまわない	66.4	56.1	76.6
3. だれに対してもできるだけ使わないほうがよい	11.5	15.7	7.9
4. わからない	14.2	19.6	8.7

　全体でみると「友達同士でなら使ってもかまわない」とする割合が圧倒的に多く，相手による使い分け意識はあると考えてよい。また，これについては性差も明瞭に見られ，女子が男子より20.5ポイントも高い。女性の方がそれだけ使い分けを意識しているということである。

(3) 会話の中での印象

表 6-5　新ぼかし表現の印象

C. このような言い方について，どう思いますか？（複数回答可）

1. 会話がはずんでよい	29.7%
2. 気配りが感じられてよい	1.8
3. やわらかい感じでよい	13.6
4. はっきり言わずに，ぼかした感じでよくない	12.9
5. 無責任な感じがしてよくない	14.7
6. 特に何も感じない	43.8
7. その他（　　　）	14.6

　ぼかし表現をどう感じているか，その印象や評価を聞いたものである。もっとも多いのは「特に何も感じない」43.8%であり，この表現が日常的になっていることがうかがえる。ただし，その次に多い「会話がはずんでよい」は3割近くもあり，会話を盛り上げる働きをしていることがわかる。

　ぼかし表現が具体的にどのようなプラスの表現効果を持っているのか，「その他」で挙げられたコメントをいくつか紹介する。

・親しみやすく打ち解ける
・楽しい感じがする
・会話がしやすい，言葉がつなぎやすい
・微妙な感じが表現できてよい

　一方，「7.その他」に挙げられたコメントを，プラス評価とマイナス評価に分けてみると，全体で166件あった中で，明瞭なプラス評価20件，明瞭なマイナス評価58件とマイナスが上回った。これにも男女差が顕著であり，女子は拮抗しているのに対し，男子は圧倒的にマイナス評価であった(女子83人中，プラス17：マイナス20，男子80人中，プラス3：マイナス38)。マイナス評価のコメントとは次のようなものである。

・馬鹿にされている気がして腹が立つ
・個性がないと思う
・ばかな人間と思われるのでよくない
・言葉が汚く感じるのでよくない

(4) 性差の由来

　ぼかし表現の使用や使用意識に無視できない性差が観察されたが，これはなぜなのか。使用の背景には使用意識あるいはそれを支えるコミュニケーション姿勢や言語観などがある。「アンケート調査」によって明らかになった，ぼかし表現は女子のほうが男子よりよく使い，評価もより肯定的であるという結果は，言葉の性差に関する先行研究と合致するところがある。

　例えば，Jespersen（1922）やLakoff（1975）などには，女性語の特徴として表現の和らげや間接表現が共通して挙げられている。これはここで問題としているぼかし表現と同様の現象である。また，井出(1993)は，世界各地17言語の女性語を比較した上で，イントネーションや文末表現に見られる婉曲表現の多用や言語表現の柔らかさなどを，その共通項として取り出している。

　そして，Tannen（1990）の言う「会話スタイルの性差」説は，これらの議論の中でも極めて説得的な主張だと考えられる。そこでは，男性の会話スタイルは事実や情報の伝達をもとに物事の道理を重視する「レポート・トーク」的であるのに対し，女性の方は，事実そのものよりも相手の心理や心の絆を大切にする「ラポート・トーク」的とする。

この主張は、今回観察された新ぼかし表現の性差にもよく当てはまっている。つまり、女子の方がぼかし表現に、より肯定的であるということは、事実や情報を直接的にやりとりする「レポート・トーク」的伝達姿勢よりも、表現の直截性を避け人間関係をより配慮する「ラポート・トーク」的伝達姿勢において、女子は男子よりその志向性が強いと解釈されるのである。

(5) ぼかし表現と丁寧さ

「アンケート調査」の中に、丁寧さの意識において、ぼかし表現と通常の表現を対照した質問がある。まずは、話し相手が友達の、カジュアルな場面を見てみよう。

表 6-6　友達場面でのぼかし表現の丁寧さ

友達に消しゴムを貸してくれるよう頼むとき、1と2のうち、どちらが丁寧な言い方だと思いますか？　　　　　（アンケート調査問　18－1 F）

1. 消しゴム貸してくれる？　　　　80.6%
2. 消しゴムとか貸してくれる？　　 1.1
3. 両方同じ　　　　　　　　　　　14.6
　（その他）　　　　　　　　　　　 3.5

圧倒的に「とか」のない表現の方が丁寧だと意識されている。これは前述したぼかし表現の使い分け意識の根拠となる言語意識が現れたと考えられる。**表6-4で見たような「友達同士なら使ってもかまわない」という判断は、カジュアルな友達場面の「とか」の持つ打ち解け感によって支えられているのである。**これを別の言葉で表現すれば、カジュアル場面でのぼかし表現は、心理的に相手に近づく配慮がなされていると捉えることができる。

一方、フォーマルな場面で「断り」を言うときの丁寧さ意識を聞いた項目についても見てみる。言い差し文(不完全文)にしたり、「と思います」という表現を付け加えたりする方略がどれくらい丁寧と感じられるかを聞いている(以下では、質問A、質問Dのみ抜粋)。

表6-7　先輩場面におけるぼかし表現の丁寧さ

> 先輩や上級生からのさそいを断わるとき，AからEのそれぞれのうち，丁寧な言い方だと思うほうに○をつけてください。　（アンケート調査　問19）

A.　1.「すみませんが，ちょっと用事がありますから…」　　　47.5%
　　2.「すみませんが，ちょっと用事がありますから，無理です」　25.5
　　3.　両方同じ　　　　　　　　　　　　　　　　　　　　　　25.6
　　　　（その他）　　　　　　　　　　　　　　　　　　　　　　1.4
D.　1.「すみませんが，無理です」　　　　　　　　　　　　　26.8%
　　2.「すみませんが，無理だと思います」　　　　　　　　　　44.7
　　3.　両方同じ　　　　　　　　　　　　　　　　　　　　　　27.3
　　　　（その他）　　　　　　　　　　　　　　　　　　　　　　1.2

　いずれも，「無理だ」という言明をぼかす言い方(Aでは1，Dでは2)が丁寧だと感じられる割合が高い。言い差し文や「〜と思います」という断言回避文はいずれも相手にとっての不利益を表現面で緩和したいという欲求の表れである。これはフォーマル場面での近づかない配慮と考えられる。

3.2.　「面接調査」におけるぼかし表現

　若年層(高校生)・壮年層(主として30〜50代)・高年層(主として60〜80代)を対象とした4地域面接調査の中にも，ぼかし表現と見なされる回答があった。この調査は，ある場面を設定し，回答者がどのような表現をするかを回答してもらったものである。このうち「って」と「とか」を用いた表現を取り上げる。

(1)　「って」

　面接調査の質問項目の中に，見知らぬ人に郵便局の所在を尋ねる「道尋ね」場面がある。(資料2の面接調査票の問1)
これに対しては，例えば次のような回答があった。

　① スミマセン，アノー，コノアタリニ郵便局アリマスカ？
　② スイマセン，郵便局ワドー行ケバイーデスカ？
　③ アノー，スイマセン，郵便局ッテドコニアルカワカリマスカ？

郵便局を「取り上げる」方法として，大きく，助詞なし(①が相当)と助詞付き(②が相当)があるが，助詞付きには「は」「へは」「に」などに加えて，③のように「って」を用いるものもあった。「って」使用者の年齢層別人数は以下のようである(4地域合計)。

  若年層 15/204 人
  壮年層 1/122 人
  高年層 0/106 人

「って」は一種の提題表現であるが，「は」に比較してぼかした表現効果を持っている。例えば，益岡・田窪(1989：135)には次のような記述がある。

  最近，若い世代のくだけた話し言葉では，「って」を非常に多く用いる傾向がある。「は」を使うと対比の意味合いが強く出るため，これを避けるためとも考えられる。

そして例文として「ここって，来たことあるな」「先生，それってどういうこと」が挙げられている。当該の「郵便局って」は，他との対比表現とは考えられないが，主題として取り上げる「は」や助詞なしの裸の形よりはぼかした表現といえる。あえていえば「郵便局という所」(「郵便局って」の原型)という持って回った言い方が間接性やぼかし効果を生じるのであろう。
ちなみに第130回芥川賞受賞作となった『蹴りたい背中』(綿矢りさ著2004年)には，若者世代の表現がふんだんに取り入れられているが，その中に次のような主人公(若年女性)の発話がある(95ページ)。

  うちの冷蔵庫から盗んできた桃の二個入りパックを畳の上に置いた。
  「ここの部屋に包丁ってある？」

包丁はだれでも知っているものであり，わざわざ「包丁というもの」と回りくどくするのは，「包丁」を剥き出しにしないためなのである。

(2)　「とか」
「鈴木さんと話とかしました」のように，指すものがひとつと決まっている場合でも出現する「とか」は，いったいどこからきたのだろうか。その出自には，以下の二つが考えられる。

用法の拡張：
「とか」の従来の用法である「並列」（例：和食とか洋食とかいろいろあります。）や「不確定引用」（例：今日は来ないとか言ってました。）の用法を拡張した。ちなみに，「並列」は他の存在を予感して目立ちを避ける効果，「不確定引用」は引用対象そのもの（例文の場合は「話」）を不確定なものにする効果がある。

文体の変換：
フォーマル場面で使われ，他を予想し控えめ感を出す機能を持つ「など」（例：私などもそう思いますが，…）のカジュアル版として当てはめられた。「なんか」「なんぞ」に代わる新感覚のものとしてである。

いずれにしても，この助詞によって「剥き出し感」をなくし，オブラートに包み込む効果を持っている。この表現効果を求める日本人の性向の背景には，任・井出（2004：31）の言う「包む」文化があるかもしれない。つまり，商品や贈り物を包装することはそれ自体が文化であり，それは中味を露にしないことはもちろん，何で包むかということも大切な価値を持つ。この場合はどのような「助詞」で包むかによって，その味わいも変わってくる。

さて，「面接調査」の質問項目「荷物預け」（問3；場面は行きつけの店）の回答の中にもぼかし表現としての「とか」が出ている。例えば，次のような文である。

スイマセン，アノ　チョット　他オミテオキタインデ，荷物トカココニ置イトイテ　イーデスカ？

この種の「とか」使用者を年齢層別に見ると，以下のようになる（4地域合計）。

若年層　　4/205人
壮年層　　0/122人
高年層　　0/106人

若年層のみ4件という，極めて少ない出現である。このように出現が少なかったのは，前述3.1.節(2)の使い分け意識で見たように，このようなぼかし表現は同等・仲間内で聞かれるものだからであろう。

以上，面接調査においては，アンケート調査から推測されるほどには若年層

でのぼかし表現は出現していない。現実生活ではもっと観察されるものだと思われる。おそらく，この調査ではその回答方法として，若年層（高校生）については，調査票を事前に回答者に配布し，実際に言いそうな表現を文や談話の形であらかじめ記入してきてもらったため（ただし，面接調査時にはそれを見ずに回答），文体が内省的かつ改まったものになった可能性がある。

4. 「ぼかし表現」における配慮の二面性

　従来の考え方では，ぼかし表現は敬意や丁寧さと結びつき，より改まった文体を作り上げるものとして，つまり相手に「近づかない」配慮をした表現として了解されていたと思われる。一方，今回の高校生アンケート調査の結果では，場面によって別の側面を持つものとして現れてきた。つまりカジュアル場面ではそれが丁寧さと結びつかず，むしろ打ち解けた，親しい雰囲気，つまり相手に「近づく」配慮を演出するものとして機能しているのである。ではどういうわけでこのような「近づく配慮」と「近づかない配慮」という相矛盾する二面性を持つことになるのだろうか。

　ここで特に「近づく配慮」に注目して，「アンケート調査」問20Cの「その他」に記された新ぼかし表現への肯定的コメントをいくつか見ながら，その働きを探ってみよう。

・友達同士で会話をはずませるために使うのはよいが，目上の人には使ってはいけないと思う
・友達同士なら，今まである言葉より伝わりやすいこともあってよい
・仲間内の会話なら問題ないし，同じ世代として親しみが湧くと思う
・フレンドリーでよいと思う
・楽しい感じがする
・ノリみたいなものだから，使う時をわきまえる
・おもしろい
・この言葉でしか出ないニュアンスを出せるのでよい
・流行かなあ，と思う

　これらのコメントから言えることは，若者世代の友達場面で用いられる新ぼかし表現が集団語的性格を持ち，お互いが親近感を持つ上で一役買っているということである。自分たちの世代，あるいは自分たちの集団に特有の表現が同

属意識を高め，お互いの絆を強くする。しかも彼らはそのぼかし表現がちょっとおかしな日本語だということを知っている。そしてその逸脱意識が遊戯性を持たせ，「楽しく」生きることが大きな価値を持つ若者世代には重宝されるということになるのである。80年代に流行った「丸文字」もおそらく同類のものであろう。当時の若年女性が文字レベルにカジュアルスタイルを作り出したように（陣内1998：59），ぼかし表現にもカジュアルスタイルを作り出し，それが若者世代のひとつの会話スタイルとなっているのである。

例えば，「など」と「とか」について，それがあるものとないものを比較してみよう。

①フォーマル場面：a. お茶<u>など</u>，いかがですか。
　　　　　　　　b. お茶，いかがですか。
②カジュアル場面：a. お茶<u>とか</u>，どう。
　　　　　　　　b. お茶，どう。

「など」「とか」はこれらの発話ではいずれもぼかし機能を果たしているが，①のフォーマル場面では「など」のあるa.の方がより丁寧であるのに対し，②のカジュアル場面では，これを使う若年層にとっては「とか」のあるa.の方がより丁寧ではないのである。おそらく「とか」の持つ間接性が柔らかさを出し打ち解けた雰囲気を演出するものと思われる。つまり，ぼかし表現はそれが置かれる場面によって丁寧さを増したり減じたりする両面性を持っているといえる。

5. 新ぼかし表現の出現背景
5.1. 新ぼかし表現の世代差

すでに文化庁の世論調査（図6-1）により新ぼかし表現の世代差は明らかになっているが，ここで改めてその使用と意識を比較してみたい。実は，「アンケート調査」に先立って，新ぼかし表現に関してほぼ同じ内容のものを親世代と子世代で比較している。調査は1997年6月，関西在住の女子大学生50人と同居するその母親50人の計100人に対して実施した。新ぼかし表現の使用頻度（表6-8）と使い分け意識（表6-9）についてみると，いずれも両世代で有意な差が出ている。

表 6-8　新ぼかし表現の使用頻度

友人との会話で,「とか」「みたいな」「って感じ」などのように,ものごとをはっきり言わない「ぼかし表現」はどれくらい出てきますか。		
	親世代(50人)	子世代(50人)
1. よく出る	4人	20
2. ときどき出る	13	23
3. あまり出ない	28	6
4. 出ない	5	1

（$p < 0.01$）

表 6-9　新ぼかし表現の使い分け意識

このような「ぼかし表現」は,友人との会話でも,できれば使わない方がいいと思いますか。		
	親世代(50人)	子世代(50人)
1. 賛成	13人	2
2. どちらかといえば賛成	31	14
3. どちらかといえば反対	6	26
4. 反対	0	8

（$p < 0.01$）

　ぼかし表現の使用については繰り返すまでもない。使い分け意識について,親世代の大部分が新ぼかし表現を仲間内言葉としても認めたがらず,使い分けもありえないとするのに対し,子世代はおよそ3分の2がそれと反対の立場である。つまり親世代では新ぼかし表現を「言葉の乱れ」などと否定的に捉えているのに対し,子世代では,実際の使用の中で親和機能や娯楽機能(米川 1996)などを感じ,これを肯定的に評価しているのである。

　ところでこの調査では敬語意識についても聞いている。敬語の乱れ意識(**表 6-10**)と敬語の自由裁量意識(**表 6-11**)である。前者については,両世代とも「乱れている」に賛成であるが,賛成の程度には有意差がある($p < 0.05$)。子世代は賛成の程度が親世代より弱いのである。

表6-10　敬語の乱れ意識

	親世代(50人)	子世代(50人)
今の若者の敬語は乱れていると思う。		
1. 賛成	28人	15
2. どちらかといえば賛成	21	35
3. どちらかといえば反対	1	0
4. 反対	0	0

($p < 0.05$)

表6-11　敬語使用の自由裁量意識

	親世代(50人)	子世代(50人)
敬語の乱れを嘆く声もよく耳にするが，コトバ遣いは個人の自由であり，他人がとやかく言う問題ではないと思う。		
1. 賛成	0人	1
2. どちらかといえば賛成	6	20
3. どちらかといえば反対	24	24
4. 反対	20	5

($p < 0.01$)

　また，敬語の自由裁量意識についても，子世代はそれが有意に高い（$p < 0.01$）。つまり，親世代にとっては，敬語はあらかじめ決められた「制度」でありそのルールはきっちりと守らなければならないものであるのに対し，子世代にとっては，敬語を使うか使わないかは個人のそのときの判断によるという意見が急速に広がってきており，もはや賛成と反対が拮抗する状況である。

　日本語の敬語史においては，身分により決まる絶対敬語からウチソト意識が絡む相対敬語へと変化してきたと言われるが，事態はさらに進んでいて，運用意識は「制度」や「決り事」から「自由裁量」や「自己表現」へと変わりつつあることがうかがえる。ちなみに，この現象を井出他(1985)で論じられている敬語運用意識から見ると，「わきまえ方式」から「働きかけ方式」への変化が始まったと見なせるかも知れない。若者世代の言語生活においては，先生や

先輩など目上であっても親しさの度合いなどによっては必ずしも敬語は使われておらず(タメ口化)、その根本が如実に現れた感がある。

5.2. 新ぼかし表現の社会的背景

このような言葉遣いの自己裁量部分が大きくなり、言葉が自己表現のための手段として捉えられるようになった背景には、日本社会の変容とそれに伴う日本人の発想の変化がある。明治以降西洋を見習い近代化を推し進めてきた流れは、おそらく高度経済成長まで続いたと考えてよい。いわゆるモダニズムの時代であり、この約100年間は規範や標準が強く意識され、統合的・求心的な力が働いた時期でもある。そしてそこでは、効率性や合理性が追求された。言語の面でも標準語政策など言語的統合力が強力に働き、言語的多様性や個性は否定的に見られあるときは抹殺されていった。

一方、高度経済成長の終焉以降、とくに80年代以降の日本は豊かな物質社会の中で大衆消費社会が実現し、そこでの価値観はモダニズム時代のまじめさや勤勉さではなく、いかに人生を享受するかとなった。全体の秩序を維持し効率性を追及するよりは、個性や多様性が尊重される、いわゆるポストモダン社会の状況が出現している。これが乱れや混乱と映るか、あるいは揺れや多様性と映るかはその人の価値観による。ただ事実として言えることは、「規範」という重石によって押さえられていたものが、それが軽くなった分いろいろなところで噴出し、それがある程度認知されるようになったということである。

ひるがえって「新ぼかし表現」出現の背景を考えてみると、まず日本人としてのぼかし志向が底流にあり、それが形を変えて次々と「発明」されており、そしてそれをある程度認知・許容する社会が存在しているということになろう。さらに重要なことは、日本人の対人意識に関して、上下意識が希薄になった分親疎意識に細かな配慮が必要となり、そのニーズを満たすために新たな間合いを表示する表現が出来したと考えられる。

6. おわりに

「アンケート調査」によって明らかになったことは、「新ぼかし表現」は相手との親和性を増し「近づく」配慮を表しており、これは従来のぼかし表現が持っている「近づかない」配慮とは相反する働きをしているということであった。「私などもそのように考えます」では、丁寧さや改まり感を出す「など」

と言えるが，「消しゴムとか，貸してくれない」の「とか」は，逆に丁寧さを減じる役目を果たしている。後者は，新しい用法が若い世代を中心に，いわば集団語として使われていることから来るものである。これは，もっぱら話し言葉の中で使われ，正用から少しずれているという認識があり，この「逸脱意識」が会話にノリを出したり，笑いを誘うような遊戯性を醸し出すのである。

現在の若者世代のコミュニケーション姿勢を全般的に眺めてみると，小倉(1997)が「触手言語」と名づけたように，付かず離れずの探り合いの人間関係が欲されている。またこれと並行して，タメ口化やファーストネーム化(すぐにお互いをファーストネームやニックネームで呼び合う)に見られるように親和的コミュニケーション志向(「親コミュニケーション志向」)もある。

ところで，「とか」などの新ぼかし表現は，実はこのふたつの要求を満たすものとして機能している。つまり，新ぼかし表現の集団語的性格により親和性は増すが，一方，ぼかし表現そのものの本質としてある遠慮意識によって，相手とのほどよい距離が保てるというからくりなのである。

ただ，第2節に挙げた新ぼかし表現の例文を改めて見てみると，その中には親和意識は一貫してあるものの，遠慮意識の有無については検討を要するものが含まれている。確かに，相手の誘いを断ったり，何かを依頼するような際には遠慮意識が働いていると見なされるが，例文3)自分の意見表明や情報提供などについては遠慮意識で説明するのには無理な面もある。これに対しては，自分の言っている事に自信がないからとか，責任の所在を曖昧にするためとか，いくつかの説明代替案が考えられるけれども，もっとも妥当と思われるのは，推察の余地のないタイトな表現よりも緩くて遊びのある表現の方が場の雰囲気を和らげてくれる，という表現効果をねらってのこと，という説明ではないだろうか。となると，この現象は，日本語の特徴のひとつとして言われている場面や文脈に依存する割合の高い「高文脈性」の新たな発現，ないし創造という側面も指摘できそうである。

第7章　敬語についての規範意識

吉岡泰夫

＜要旨＞

　高校生の敬語についての規範意識を，敬語形式と敬語行動の適切性についての判断からみていった。

　先ず，敬語形式については，敬語の伝統的な規範に照らせば誤用となるいろいろな類型の誤用例を示して，適切・不適切の判断を尋ねた。分析の結果，①過剰敬語や，形式の誤り「お／ご～できる」「お求めやすい」については全体的に適切とする割合が高いこと。②使い分けの誤り「申される」，「おる」に尊敬語「れる」を付加した形式「おられる」，尊敬語の不使用「おりましたら」，尊敬語と謙譲語の混同「お／ご～してください」については，地域差があることが分かった。

　次に，敬語行動については，具体的な対人関係場面を提示し，その場面での敬語の用法が適切かどうか尋ねた。分析の結果，①「～させていただく」の拡大用法については全体的に適切とする割合が高いこと。②謙譲語「あげる」の美化語的用法，身内尊敬用法，尊敬語の不使用については，地域差があることが分かった。

1. はじめに

　この章では，高校生を対象にしたアンケート調査から，敬語についての規範意識をみていく。

　敬語を使って，さまざまな対人関係場面でコミュニケーションを行うとき，人は敬語形式をはじめとする言語的要素だけでなく，言語外のさまざまなことがらに配慮する。まず，どんな立場の話し手が，どんな関係の聞き手に，どんな関係の人のことを話題にして話すかといった人物同士のさまざまな人間関係である。また，その場面の状況や場所柄，話の目的や伝える内容などにも配慮する。そうした配慮に基づいて選択した言語的要素の構成によって発話を生成し，非言語的要素も活用して談話を組み立てていく。敬語行動はこのような表現処理のプロセスで実現される。

　どんな対人関係場面では，どんな敬語形式を選択・付加すべきか，という

ルールが意識の中に形成されたものが規範意識である。形式も表現処理も複雑な敬語を使いこなす敬語行動を支えているのは，人が持っている表現のルールとも言うべき敬語の規範意識と考えられる。

高校生が敬語をどう意識しているかについては，熊本の高校生を対象にした調査研究(吉岡1990, 1996)によって次のことが分かっている。まず，社会生活における敬語の必要性についての意識をみると，「敬語を知らないと，現代社会でもやはり困ることが多い」(92.8%)や「敬語は相手を思いやる心から生まれるものであるから，現代にも必要である」(80.4%)など，敬語の必要性を肯定する意見がきわめて高い。企業の事務系社員の意見(国立国語研究所1982)に肩を並べている。敬語習得の達成動機は企業社会の成員と変わらないくらい高いとみることができる。

その一方で，改まった場面での敬語行動は苦手と意識している高校生は少なくない。苦手とする理由を尋ねた結果をみると，「ことばは知っているが，場面に合った使い方が分からない」(34.2%)がもっとも多く，次が「どんな言い方をすればいいか，ことばを知らない」(21.1%)である。敬語の表現形式についての知識が不足しているという壁も無視できない。それ以上に，コミュニケーション場面における対人関係によって規定される条件に配慮して言語要素を選択し発話を生成する段階の，敬語行動を最適化するプロセスが分からないという壁が大きい。

ここでは，高校生の敬語についての規範意識を，敬語形式の適切性についての判断と，敬語行動の適切性についての判断の両面からみていく。

2. 敬語形式の適切性についての判断
2.1. 調査項目
敬語形式の適切性についての判断を問う質問は，次のとおりである。

第7章　敬語についての規範意識

21－1. 次のA～Hの言い方は，日本語として適切だと思いますか？　自分自身が使うか使わないかとは切り離して答えてください。
A.「校長先生が<u>おっしゃられた</u>とおりです」
　　　　　　　　　　‥‥‥‥1. 適切　2. 不適切　3. わからない
B.「校長先生が<u>お書きになられた</u>ものです」
　　　　　　　　　　‥‥‥‥1. 適切　2. 不適切　3. わからない
C.「校長先生もそのように<u>申されます</u>」
　　　　　　　　　　‥‥‥‥1. 適切　2. 不適切　3. わからない
D.「先生！　放課後は職員室に<u>おられますか</u>？」
　　　　　　　　　　‥‥‥‥1. 適切　2. 不適切　3. わからない
E. （駅で）「○○さん，<u>おりましたら</u>御連絡ください」
　　　　　　　　　　‥‥‥‥1. 適切　2. 不適切　3. わからない
F. （駅で）「この切符は<u>ご利用できません</u>」
　　　　　　　　　　‥‥‥‥1. 適切　2. 不適切　3. わからない
G. （駅で）「危険ですから<u>ご注意してください</u>」
　　　　　　　　　　‥‥‥‥1. 適切　2. 不適切　3. わからない
H. （店で）「<u>お求めやすい</u>値段にいたしました」
　　　　　　　　　　‥‥‥‥1. 適切　2. 不適切　3. わからない

　A～Hで提示した文の下線部は，敬語の伝統的な規範に照らせば誤用となる敬語形式である。いろいろな類型の誤用例を示して，適切か，不適切かの判断を尋ねた。適・不適の判断に，人が持っている表現のルールとも言うべき敬語の規範意識が表れると考えたからである。
　質問で提示した敬語形式は，敬語のゆれとして問題になっているところであり，国語審議会でもその標準の在り方が審議された。審議の基礎資料を得るために，文化庁では「国語に関する世論調査」を平成7年から毎年実施している。質問の仕方は異なるが，提示された敬語形式には共通するところがある。
　平成7年度「国語に関する世論調査」（文化庁1995）に，敬語の伝統的な規範に照らせば誤用となる言い方をあげて，それぞれの言い方について意識を尋ねた次の質問がある。

　　質問11. ここに挙げた(1)から(11)の文中の下線の部分の言い方は，あなたにとって気になりますか，それとも気になりませんか。
　　　　(1) 先生，こちらで<u>お待ちして</u>ください

(2) お客様が<u>申され</u>ました

(以下略)

　回答は,「気になる」「どちらとも言えない」「わからない」「気にならない」の四つの選択肢から一つを選ぶものである。(1) についての単純集計結果は,「気になる」55.6%,「気にならない」41.0%である。

　ここで留意すべきことは,「気になる」あるいは「気にならない」という意識の内容である。いずれの回答も多様な意識が入り混じった回答と捉えられる。例えば, (1) の「お待ちして」は謙譲表現であり, 相手の行為を言うのに使うのは誤用であるという規範意識がはたらいて「気になる」と回答した被調査者もいるだろう。何となく違和感があるけれども, 今はあちこちでよく聞く言い方だから,「気にならない」と回答した被調査者もいるだろう。意識の内容という観点からみれば, 前者は規範意識による適・不適の判断であり, 後者はよく聞く言い方の許容である。そのほか, 規範意識とは無関係の回答の可能性もある。「気になりますか」と聞かれているから, 間違った言い方だろうと考えて「気になる」と回答した被調査者も含まれていよう。質問の仕方によって, このように意識の内容に多様性がある回答が返ってくることになる。内容を明確にするには, サブクエスチョンで「気になる」理由を尋ねるのも一つの方法である。

　本研究の高校生を対象にした調査と「国語に関する世論調査」では, 以上のように質問の仕方やねらいが異なるし, 母集団も異なる。単純に比較することはできないが, 提示した敬語形式が一致するものについては, 対象とした高校生の規範意識の傾向を考察するために, 適宜, 参照していく。

2.2. 調査結果
2.2.1. 二重尊敬の形式

　敬語の使い過ぎの誤りとされることもある過剰敬語について, 仙台・東京・京都・熊本の4地域の高校生の規範意識をみていく。

A.「校長先生が<u>おっしゃられた</u>とおりです」

　これは尊敬語「おっしゃる」にさらに尊敬語「れる」が付加された二重尊敬の形式である。地域差を図7-1に, 地域・性差を図7-2に示す。

　なお, 性差の図ではいずれも, 性別不明の若干名を除外している。

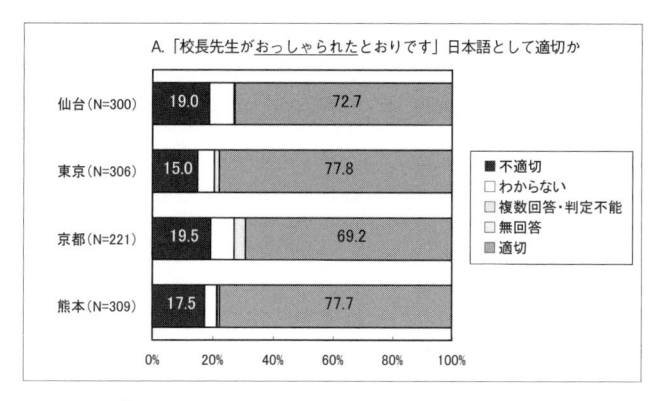

図 7-1「校長先生がおっしゃられたとおりです」(地域差)

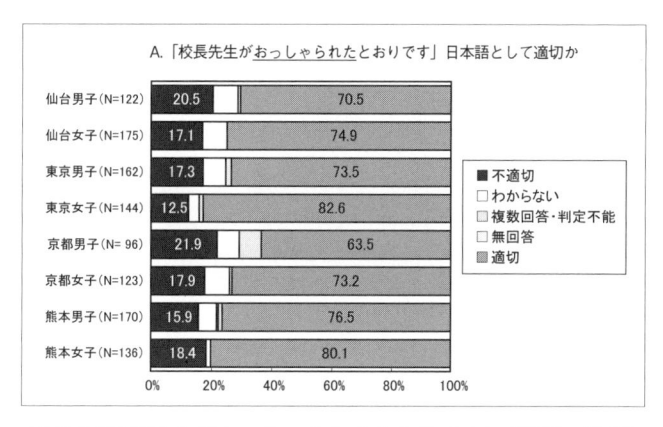

図 7-2「校長先生がおっしゃられたとおりです」(地域・性差)

　すべての地域で適切が不適切を大きく上回っている。適切とする割合は，高い順に，東京(77.8%)，熊本(77.7%)，仙台(72.7%)，京都(69.2%)である。不適切とする割合は，すべての地域で2割に満たない。

　性差をみると，適切とする割合は，すべての地域で女子の方が高い。不適切とする割合は，仙台，東京，京都では男子の方が高いが，熊本では女子の方が高い。東京女子は適切(82.6%)とする割合がもっとも高く，不適切(12.5%)とする割合がもっとも低い。

　平成7年度「国語に関する世論調査」(文化庁1995)では，同じ二重尊敬の形式について，「先生がおっしゃられたように」という文例を提示して，「あな

たにとって気になりますか、それとも気になりませんか」と尋ねている。単純集計の結果をみると、「気にならない」(71.9%)が「気になる」(24.5%)を大きく上回っている。「おっしゃられる」という二重尊敬の形式は、国民に許容される傾向にあると言える。

国民の7割強が許容する傾向にある二重尊敬「おっしゃられる」について、高校生も適切と判断する割合が7割弱〜8割前後と高い。

B.「校長先生がお書きになられたものです」

これは尊敬の形式「お〜になる」にさらに尊敬語「れる」が付加された二重尊敬の形式である。地域差を図7-3に、地域・性差を図7-4に示す。

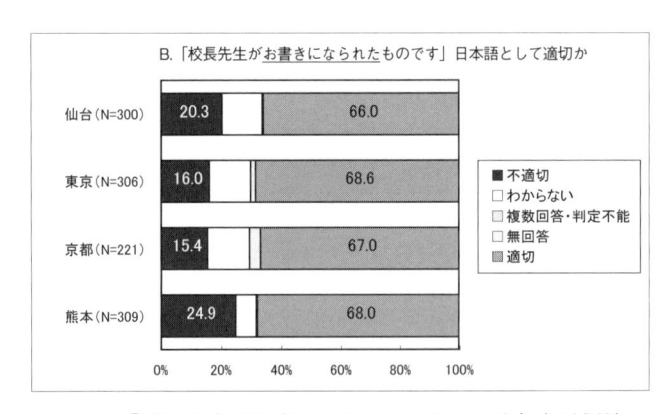

図7-3「校長先生がお書きになられたものです」(地域差)

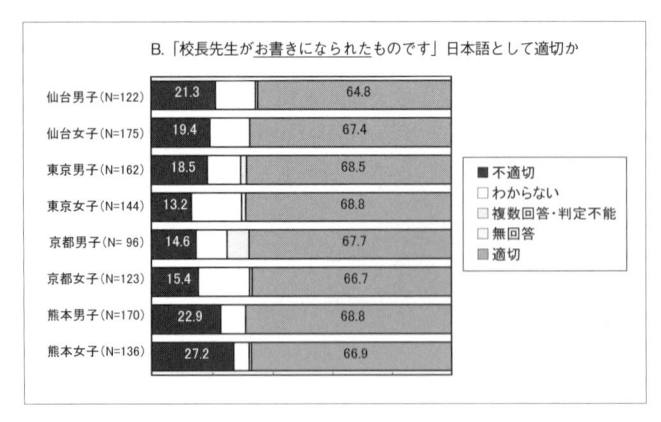

図7-4 「校長先生がお書きになられたものです」(地域・性差)

すべての地域で適切が不適切を上回っている。適切とする割合は高い順に，東京(68.6%)，熊本(68.0%)，京都(67.0%)，仙台(66.0%)であり，どこも7割弱である。

不適切とする割合は，熊本(24.9%)がもっとも高い。特に熊本女子(27.2%)は3割弱を占める。逆に，もっとも低いのは東京女子(13.2%)である。

「おっしゃられる」(図7-1，図7-2)に比べると，適切とする割合はどこでも低くなっている。不適切とする割合は，熊本で8ポイント程度高くなっている。

平成7年度「国語に関する世論調査」(文化庁1995)では，尊敬の形式「お～になる」にさらに敬語「れる」が付加された同じ類型の二重尊敬について，「お客様はお帰りになられました」という文例を提示して，尋ねている。単純集計の結果をみると，「気にならない」(73.2%)が「気になる」(23.6%)を大きく上回っている。この結果は「おっしゃられる」の場合とほとんど差がない。二重尊敬を許容するのは，敬語はていねいな形式であるほどよい，たくさん使うほどよい，という意識がはたらいているためと考えられる。

国民の7割強が「気にならない」と回答した二重尊敬「お～になられる」について，高校生は7割弱が「適切」と判断している。また，国民の2割強が「気になる」と回答しているのに対して，熊本女子では3割弱が「不適切」と判断している。

国民が許容する傾向にある二重尊敬について，高校生も適切と判断する割合が高い。二重尊敬を使い過ぎの誤りと判断する規範意識を持っている高校生が全体的に少ないのは，話し言葉の敬語について体系的に学習する機会がないためと考えられる。

2.2.2. 謙譲語「申す」に尊敬語「れる」を付加した形式

尊敬語を使うべき文脈で，謙譲語「申す」に尊敬語「れる」を付加した形式「申される」を使うのは，敬語の使い分けの誤りとされる。

C.「校長先生もそのように申されます」

地域差を図7-5に，地域・性差を図7-6に示す。

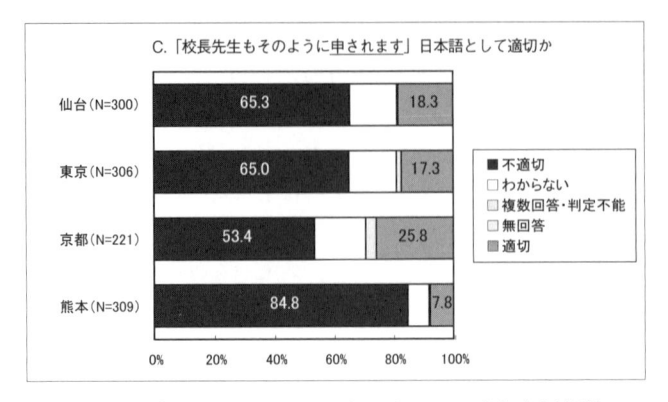

図7-5 「校長先生もそのように申されます」(地域差)

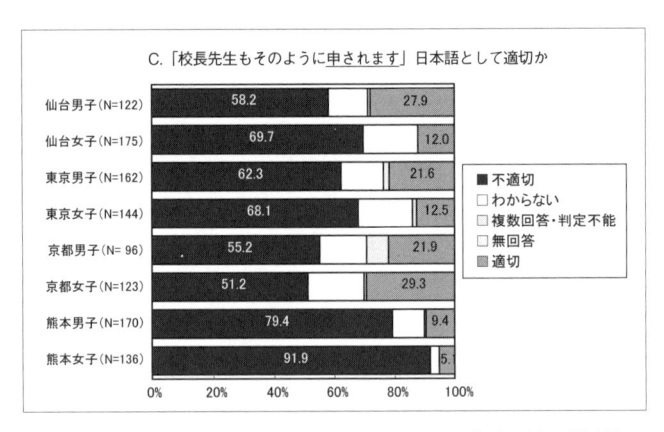

図7-6 「校長先生もそのように申されます」(地域・性差)

　すべての地域で不適切が適切を上回っている。不適切とする割合は，熊本(84.8%)がもっとも高く8割5分である。次いで，仙台(65.3%)，東京(65.0%)，京都(53.4%)の順である。適切とする割合は京都(25.8%)がもっとも高い。
　仙台，東京，熊本では女子の方が不適切とする割合が高い。
　熊本女子は不適切(91.9%)がもっとも高く，適切(5.1%)がもっとも低い。逆に，京都女子は不適切(51.2%)がもっとも低く，適切(29.3%)がもっとも高い。
　平成7年度「国語に関する世論調査」(文化庁1995)で，同じ「申される」について，「お客様が申されました」という文例を提示して，尋ねている。単純集計の結果をみると，「気にならない」(54.2%)が「気になる」(41.4%)を上

回っている。

　尊敬語を使うべき文脈で，「申される」を使うことについて，高校生が不適切と判断する割合は，最低の京都女子でも5割強，最高の熊本女子では9割強と高い。世論調査で国民の「気になる」とする割合が4割程度という結果と大きな隔たりがある。高校生は，謙譲語「申す」に尊敬語「れる」を付加した形式「申される」について，厳格な規範意識を持っていると言える。

2.2.3.　「おる」に尊敬語「れる」を付加した形式

　尊敬語を使うべき文脈で，「おる」に尊敬語「れる」を付加した形式「おられる」を使うのは，誤用か正用かで従来からゆれていたところである。「おる」を「いる」の謙譲語とみれば「申される」と同じ理由で誤用となる。一方，「おる」を「いる」の丁重語とみれば，丁重語に尊敬語を付加した形式だから，次のDの文脈で使うのは正しい使い方と言える。

D.「先生！　放課後は職員室におられますか？」

　地域差を図7-7に，地域・性差を図7-8に示す。

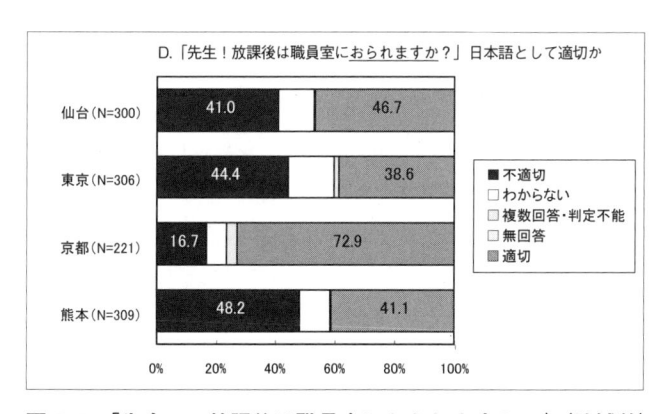

図7-7　「先生！　放課後は職員室におられますか？」（地域差）

仙台(N=300)　不適切41.0　適切46.7
東京(N=306)　不適切44.4　適切38.6
京都(N=221)　不適切16.7　適切72.9
熊本(N=309)　不適切48.2　適切41.1

凡例：■不適切　□わからない　□複数回答・判定不能　□無回答　□適切

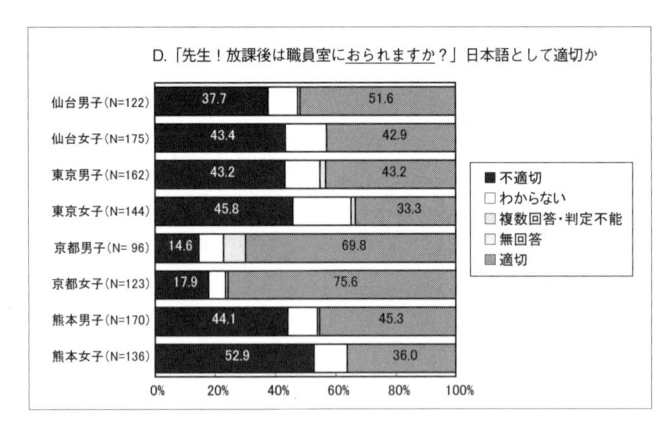

図7-8 「先生！　放課後は職員室におられますか？」（地域・性差）

　不適切とする割合は地域差が大きく，熊本(48.2%)，東京(44.4%)，仙台(41.0%)で5〜4割であるのに対して，京都(16.7%)では2割に満たない。
　適切とする割合は京都(72.9%)で突出している。京都女子(75.6%)がもっとも高い。他の地域は4割前後で並んでいる。
　すべての地域で，女子の方が不適切とする割合が高い。もっとも高いのは熊本女子(52.9%)である。
　平成9年度「国語に関する世論調査」（文化庁1998）では，同じ形式「おられますか」について，「総務課の武田さんは，どちらにおられますか」という文例を提示して，「敬語が正しく使われていると思いますか。それとも，正しく使われていないと思いますか」と尋ねている。単純集計の結果をみると，「正しく使われていると思う」(64.4%)が「正しく使われていないと思う」(30.0%)を大きく上回っている。平成9年の時点では，「おられる」を正用と思う人が，誤用と思う人の2倍以上の多数派である。
　尊敬語を使うべき文脈で，「おられる」を使うことについて，高校生が不適切と判断する割合は，京都とそのほかの地域で大きな差がみられる。京都は，適切が不適切を大きく上回るという点で，世論調査の傾向と似通っている。それに対して，京都以外の地域は，不適切が4割強〜5割弱と高い。世論調査の傾向と隔たりがある。京都の高校生と国民は，「おる」を「いる」の丁重語とみて，「おられる」は正用と判断する人が多数派であり，京都以外の地域の高校生は，誤用か正用かでゆれていることを示唆する結果である。

2.2.4. 尊敬語を含まない形式

ここでは，尊敬語を含まない形式についての規範意識をみていく。話題の人物を待遇する尊敬語も，その人物が目の前にいる聞き手である場面と，その場に居合わせない第三者として話題にのぼる場面とでは，使い方が変わる。現代の敬語は，聞き手への配慮によって使われる傾向があり，聞き手の行為を言うところでは尊敬語を使うべきだが，その場に居ない第三者については使う必要はないという規範意識が若い層から広がりつつある（井上 1981）。

ここでは，聞き手の行為について言う場面での，尊敬語を含まない形式について，規範意識をみていく。

E.（駅で）「○○さん，おりましたら御連絡ください」

地域差を図 7-9 に，地域・性差を図 7-10 に示す。

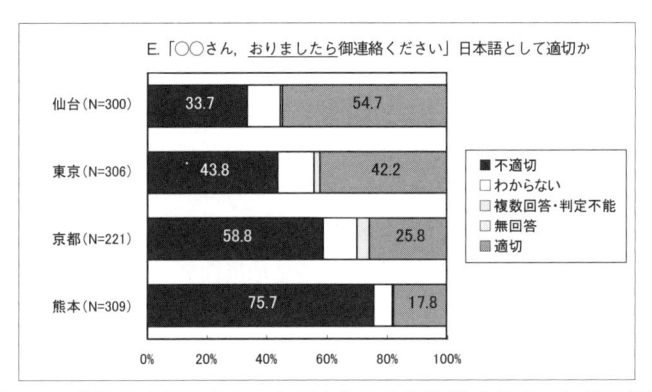

図 7-9 （駅で）「○○さん，おりましたら御連絡ください」（地域差）

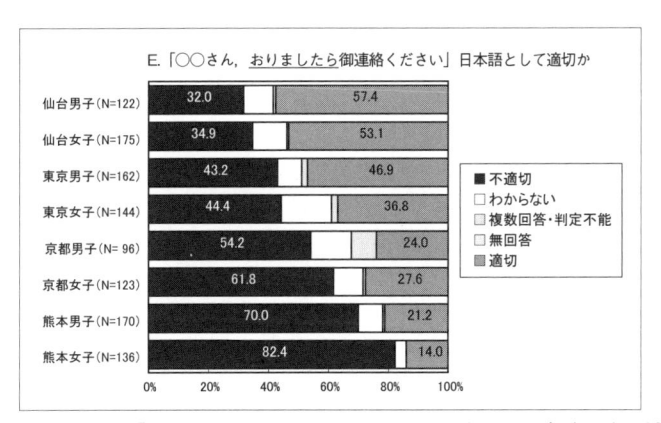

図 7-10 （駅で）「○○さん，おりましたら御連絡ください」（地域・性差）

東西で大きな地域差がみられる。不適切とする割合がもっとも高いのは熊本(75.7%)であり，逆に，適切とする割合がもっとも高いのは仙台(54.7%)である。西の地域ほど不適切とする割合が高く，東の地域ほど適切とする割合が高い。

性差をみると，どの地域でも女子の方が不適切とする割合が高い。もっとも高いのは熊本女子(82.4%)である。

尊敬語を含まない形式についての規範意識にみられた地域差は，方言敬語の分布状況と一致する。日本語の方言敬語は西日本で多彩に発達し，東日本は簡素である。敬語変種の豊かさは，九州方言，西部方言，東部方言，北日本方言の順になる。具体的な敬語形式の分布状況は，加藤(1973)や藤原(1978, 1979)で見渡すことができる。それらによると，九州西部や近畿中央部ではさまざまなレベルの敬語形式が併存し，とりわけ尊敬表現が発達している。これらの地域には方言では一般に発達していない謙譲表現も存在する。一方，北海道，東北，関東，山梨，静岡の東日本一帯や，西日本でも高知，大分あたりは敬語変種が簡素である。大都市や城下町から発展した都市を除いて，尊敬表現の無敬語地域である。また，東京語を基盤とする共通語の敬語は，東京，神奈川，千葉，埼玉の首都圏で発達している。

吉岡(2000)では，以上のような敬語変種の地域差に基づいて，平成7年度「国語に関する世論調査」(文化庁1995)の地域属性データを次の三つに再カテゴリー化している。

◎簡素地域(方言敬語簡素地域)
　北海道・東北・関東(東京・神奈川・千葉・埼玉を除く)・山梨・静岡・高知・大分

◎首都圏(共通語敬語発達地域)
　東京・神奈川・千葉・埼玉

◎複雑地域(方言敬語発達地域)
　中部・北陸・近畿・中国・四国(高知を除く)・九州(大分を除く)

平成7年度「国語に関する世論調査」(文化庁1995)では，高校生対象の調査と同じ尊敬語を含まない形式「おりましたら」について，「○○さん，おりましたらご連絡ください」という文例を提示して，「あなたにとって気になりますか，それとも気になりませんか」と尋ねている。吉岡(2000)の分析結果をみると，「気になる」は複雑地域(68.3%)で7割弱と抜きん出て高い。もっとも低いのは簡素地域(37.7%)である。それに対して，「気にならない」は簡

素地域(59.0%)で6割弱，首都圏(49.2%)でも約半数に達している。もっとも低いのは複雑地域(29.6%)である。

複雑地域では，聞き手の行為に言及する場合は尊敬語を使うべきだという，より厳格な規範意識が保たれているとみることができる。また，例えば「父は家におります」のような形で謙譲表現として使用される実態があるため，尊敬語を使うべきところで使われると「気になる」ということも考えられる。

簡素地域で「気にならない」の比率が高いことは，敬語使用の実態とも関連する。平成8年度「国語に関する世論調査」(文化庁1996)では，聞き手の行為について尋ねる場面での尊敬語の使用実態を調べている。吉岡(2000)の分析結果をみると，簡素地域では，目上の聞き手の行為を面と向かって尋ねる改まった場面でも，尊敬語を使わない形式がもっとも多くみられる。敬語簡素地域という言語環境が規範意識にも敬語行動の習慣にも影響していることが分かる。

高校生にみられた地域差と世論調査にみられた地域差は，似通った傾向を示している。方言敬語簡素地域では高校生も国民も，聞き手の行為について尋ねる場面で尊敬語を使わないことに寛容である。それに対して，方言敬語複雑地域では高校生も国民も，尊敬語を使うべきだという規範意識を持っている。東京(世論調査では首都圏)はその中間にあると言える。

2.2.5. 尊敬語と謙譲語を混同した可能形

可能形の作り方は尊敬語と謙譲語で異なる。尊敬語の場合，「お／ご～になる」の「なる」を可能形にして「お／ご～になれる」とするか，「～ことができる」を付加して「お／ご～になることができる」とする。謙譲語の場合は，「お／ご～する」の「する」を「できる」に置き換えて「お／ご～できる」とするか，「～ことができる」を付加して「お／ご～することができる」とする。次のFの場面は，聞き手の行為について言うところで，「ご利用できません」という謙譲語の形式が使われている。他者の行為については「ご利用になれません」という尊敬語の形式を使うべきところである。

F.（駅で）「この切符はご利用できません」

地域差を**図7-11**に，地域・性差を**図7-12**に示す。

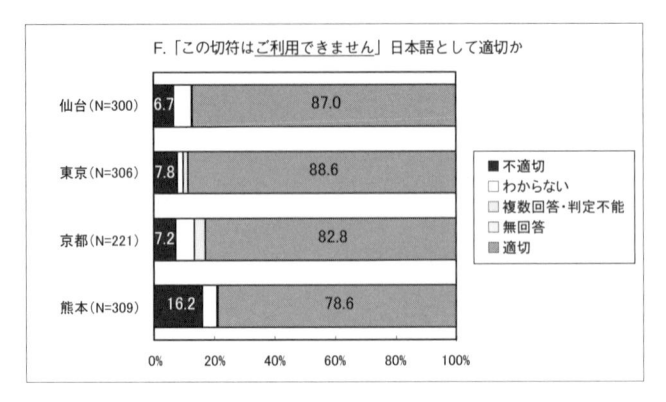

図7-11　(駅で)「この切符はご利用できません」(地域差)

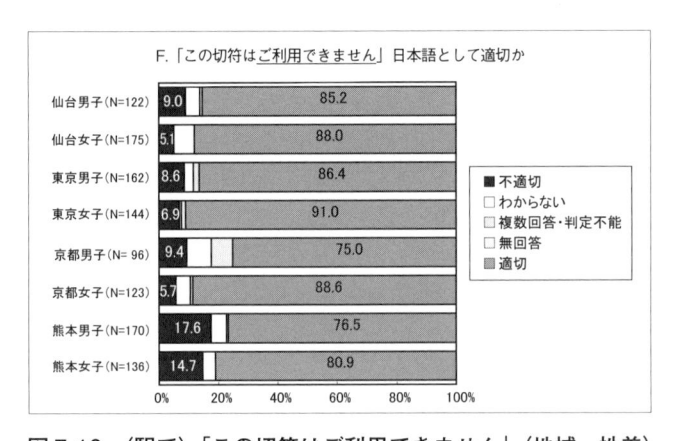

図7-12　(駅で)「この切符はご利用できません」(地域・性差)

　適切とする割合は，東京(88.6%)，仙台(87.0%)，京都(82.8%)で8割強〜9割弱である。熊本(78.6%)はわずかに低く，8割弱である。不適切とする割合は熊本(16.2%)がもっとも高い。

　性差をみると，どの地域でも女子の方が適切とする割合が高い。

　平成9年度「国語に関する世論調査」(文化庁1998)では，同じ謙譲語の可能形について「この電車には御乗車できません」という文例を提示して尋ねている。単純集計の結果をみると，「正しく使われていると思う」(63.2%)が「正しく使われていないと思う」(30.5%)を大きく上回っている。国民全体の6割強が，聞き手の行為を言う場面で使われる謙譲語の可能形「お／ご〜できる」

を適切としている。

可能形における尊敬語と謙譲語の使い分けについては，高校生も国民も規範意識を持っていないと言える。

2.2.6. 尊敬語と謙譲語の混同

聞き手の行為を言う文脈で，尊敬表現のつもりで，謙譲語「お／ご～する」に尊敬語「くださる」の命令形を付加した形式「お／ご～してください」を使うのは，敬語の使い分けの誤りとされる。

G．（駅で）「危険ですから<u>ご注意してください</u>」

地域差を**図 7-13** に，地域・性差を**図 7-14** に示す。

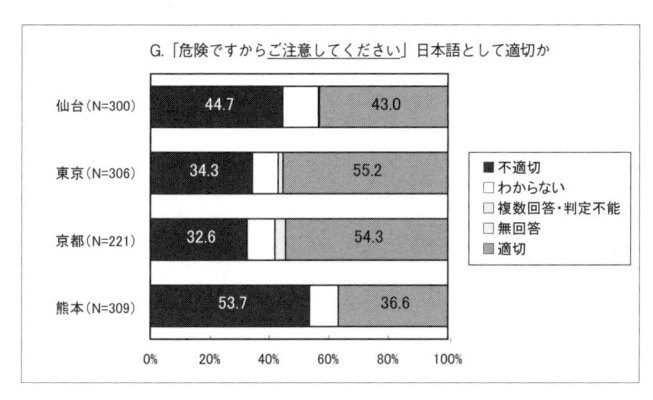

図 7-13 （駅で）「危険ですから<u>ご注意してください</u>」（地域差）

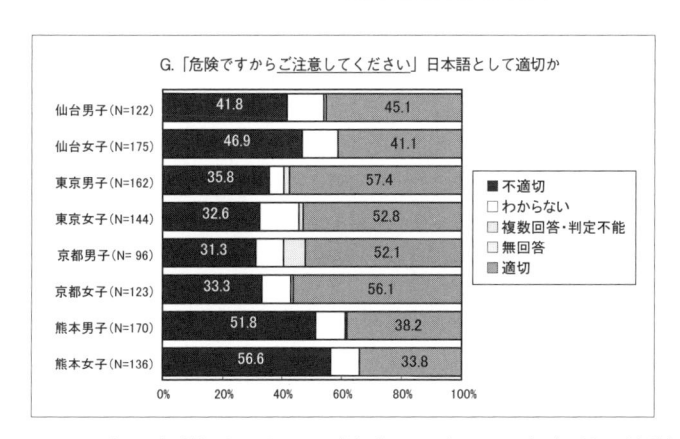

図 7-14 （駅で）「危険ですから<u>ご注意してください</u>」（地域・性差）

熊本では不適切(53.7%)が適切(36.6%)を大きく上回っている。仙台では不適切(44.7%)と適切(43.0%)が拮抗している。逆に，適切が大きく上回っているのは，東京(55.2%)，京都(54.3%)である。

熊本と仙台では，不適切とする割合は女子の方が高く，特に熊本女子(56.6%)は6割弱である。

平成7年度「国語に関する世論調査」(文化庁1995)では，同じ構造の形式「お／ご～してください」について，「先生，こちらでお待ちしてください」という文例を提示して尋ねている。単純集計結果をみると，「気になる」(55.6%)が5割5分，「気にならない」(41.0%)が4割である。

尊敬語と謙譲語の混同である「お／ご～してください」については，熊本女子の不適切とする割合の高さが目立つが，そのほかの地域・性では，世論調査の結果と似通った傾向がみられる。高校生も国民も正用か誤用かで規範がゆれていると言える。

2.2.7. 「お～動詞＋形容詞」の形式

デパートなどの商業敬語としてよく聞かれる，「お求めやすい」は「求め(動詞)＋やすい(形容詞)」を一つの形容詞のように扱って「お」を付けたものである。もともと「お安い」という丁重語が使われていた接客の現場に，新しい丁重語として広がっている。伝統的な敬語の規範では，「求める」のは相手方の行為だから，尊敬語形式「お～になる」を使って，「お求めになりやすい」とするのが正しいとされる。

H. (店で)「お求めやすい値段にいたしました」

地域差を図7-15に，地域・性差を図7-16に示す。

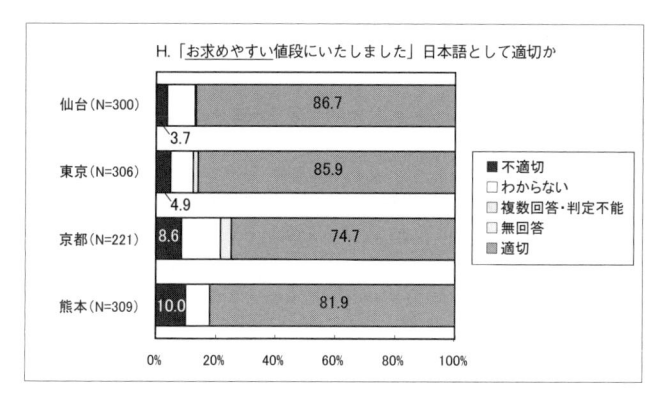

図7-15 （店で）「お求めやすい値段にいたしました」（地域差）

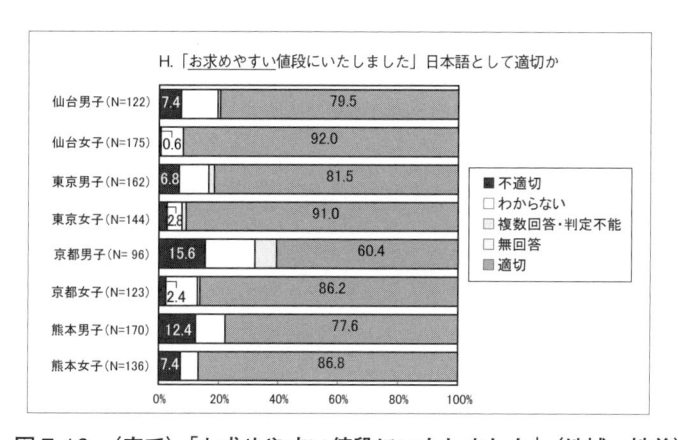

図7-16 （店で）「お求めやすい値段にいたしました」（地域・性差）

　適切とする割合はどの地域でも8割前後であり，高い順に，仙台(86.7%)，東京(85.9%)，熊本(81.9%)，京都(74.7%)と並んでいる。
　すべての地域で，女子の方が，適切とする割合が高い。
　不適切とする割合は，京都男子(15.6%)と熊本男子(12.4%)が1割を超えている。
　「お求めやすい」という商業敬語は高校生に許容される傾向にあり，特に女子の許容度が高い。

3. 敬語行動の適切性についての判断
3.1. 調査項目

　敬語行動の適切性についての判断を問う質問は，具体的な対人関係場面を提示して，その場面での敬語の用法が適切かどうか尋ねた。

　A～Eで提示した文の下線部は，いずれも形式としては誤りではないが，その場面に適切な言い方かどうかという点では，規範がゆれるところである。適・不適の判断には，人が持っている表現のルールとも言うべき敬語の規範意識とともに，その場面の対人関係の捉え方も大きく関わってくる。

21－2．次のA～Eの言い方は，日本語の使い方として適切だと思いますか？自分自身が使うか使わないかとは切り離して答えてください。
A．生徒が先生に，「いつも7時に妹を起こしてあげます」
　　　　　　　　　　　　　　　……1.適切　2.不適切　3.わからない
B．担任の先生をたずねて来た客から生徒が所在を聞かれて，「はい，今美術室にいらっしゃいます」
　　　　　　　　　　　　　　　……1.適切　2.不適切　3.わからない
C．会議で発表者が，「それでは説明させていただきます」
　　　　　　　　　　　　　　　……1.適切　2.不適切　3.わからない
D．生徒が先生に，「先生も応援に行きますか？」
　　　　　　　　　　　　　　　……1.適切　2.不適切　3.わからない
E．生徒が体育の先生に，「校長先生も応援に来ると言っていました」
　　　　　　　　　　　　　　　……1.適切　2.不適切　3.わからない

　質問で提示した具体的な場面での敬語行動は，従来から敬語の用法のゆれとして問題になっているところである。例えばBの身内尊敬用法は，ウチ・ソトの関係よりも身内の上下関係を重視するもので，「これからの敬語」（昭和27年・国語審議会建議）では現代敬語の規範から外れた使い方とされた。しかし，その当時から実際の敬語行動と規範意識にゆれがあったことは，『敬語と敬語意識』（国立国語研究所1957）の「結果のあらまし」（p.377）にもうかがわれる。

　20）官庁や会社など事業所で，部外の人に対して，部内の上長について言うとき，ていねいな敬語形式を使うべきではないという「これからの敬語」の基準は一般にはかなりの心理的抵抗を感じさせるものらしい。

22) 自分の親族について言うとき，実際の敬語行動では相当ていねいな敬語形式を使うにもかかわらず，あまりていねいな敬語形式は使うべきでないという意識は強い。

現在でも，企業ではウチ・ソトの関係を重視して，身内の上司を謙譲語で控えめに表現するのに対して，学校では身内の上下関係を重視して，尊敬語で待遇するという社会差がみられる。

また，Aの謙譲語「あげる」の美化語的用法についても，NHK放送文化研究所の調査や，文化庁の「国語に関する世論調査」で大きな地域差・世代差がみられる。

ここでは，それらの結果も適宜参照しながらみていく。

3.2. 調査結果
3.2.1. 謙譲語「あげる」の美化語的用法

従来，「やる」や「～してやる」を使ってきた文脈で，「あげる」や「～してあげる」が使われることがある。これは，「やる」は品が悪いので，もともと謙譲語であった「あげる」を「やる」の美化語として使う美化語的用法である。これについて，高校生の規範意識をみていく。

A. 生徒が先生に，「いつも7時に妹を起こしてあげます」

地域差を図7-17に，地域・性差を図7-18に示す。

A.「いつも7時に妹を起こしてあげます」日本語として適切か

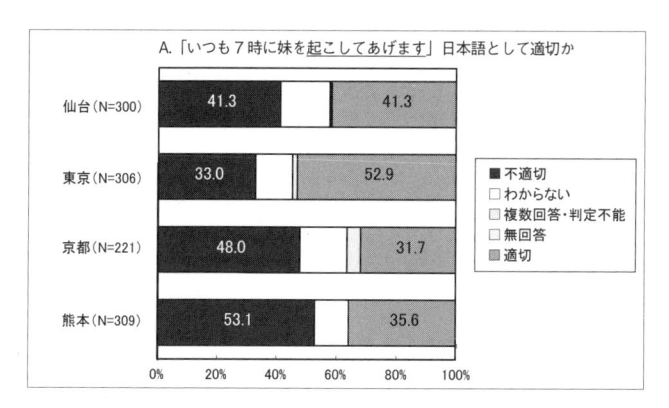

	不適切	わからない	複数回答・判定不能	無回答	適切
仙台(N=300)	41.3				41.3
東京(N=306)	33.0				52.9
京都(N=221)	48.0				31.7
熊本(N=309)	53.1				35.6

図7-17　生徒が先生に，「いつも7時に妹を起こしてあげます」（地域差）

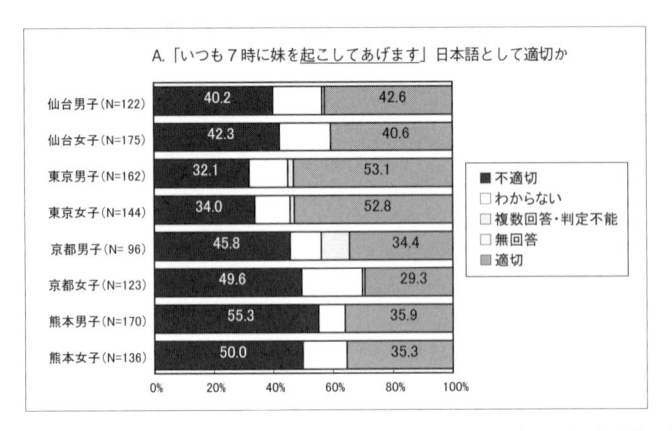

図7-18 生徒が先生に,「いつも7時に妹を起こしてあげます」(地域・性差)

グラフ A.「いつも7時に妹を<u>起こしてあげます</u>」日本語として適切か

	不適切	わからない	複数回答・判定不能	無回答	適切
仙台男子 (N=122)	40.2				42.6
仙台女子 (N=175)	42.3				40.6
東京男子 (N=162)	32.1				53.1
東京女子 (N=144)	34.0				52.8
京都男子 (N=96)	45.8				34.4
京都女子 (N=123)	49.6				29.3
熊本男子 (N=170)	55.3				35.9
熊本女子 (N=136)	50.0				35.3

不適切とする割合は熊本(53.1%)でもっとも高く,次いで京都(48.0%)である。この二つの地域では,不適切が適切を大きく上回っている。逆に,東京では適切(52.9%)が,不適切(33.0%)を大きく上回っている。仙台では不適切と適切の割合が拮抗している。

NHK放送文化研究所の言語環境調査(石野・稲垣1987)では,「あげる」の美化語的用法は東京で,また若い女性に受容される傾向が指摘されている。

平成7年度「国語に関する世論調査」(文化庁1995)では,「植木」「うちの子」「相手チーム」の三つをあげ,それぞれについて謙譲語の美化語的用法「あげる」を使うか,「やる」を使うか尋ねている。

「うちの子」についてのクロス集計結果をみると,「あげる」の使用率は10代女性(71.4%)が抜きん出て高く,全世代でみても女性(41.4%)の方が男性(29.3%)よりよく使う傾向がみられる。このデータを方言敬語簡素地域,首都圏,方言敬語複雑地域別にクロス集計した結果(吉岡2000)を表7-1に示す。

表7-1 「うちの子におもちゃを買ってやりたい/あげたい」どちらを使うか

単位:%

地域	やりたい	あげたい	どちらも使う	分からない
方言敬語簡素地域	56.6	35.8	5.7	1.8
首都圏	42.6	51.4	4.7	1.2
方言敬語複雑地域	66.4	29.1	3.5	1.0
全体	58.5	35.8	4.3	1.3

これをみると，「あげる」の使用率は首都圏(51.4%)で高く，方言敬語複雑地域(29.1%)で低い。方言敬語簡素地域(35.8%)はその中間に位置する。

以上の使用実態にみられた地域差と，高校生の規範意識にみられた地域差はほぼ一致する。謙譲語「あげる」の美化語的用法を，使用率の高い首都圏の高校生は許容する傾向にあるのに対して，使用率の低い方言敬語複雑地域の熊本や京都の高校生は許容していないと言える。

3.2.2. 身内尊敬用法

現代の敬語は相対敬語であるから，その場面の人物同士の関係によって，使い分けられる。上下関係だけではなく，聞き手や話題の人物が，話し手自身にとって「ウチ」の人なのか「ソト」の人なのかも使い分けの重要なポイントとなる。Bの場面では，話し手にとって聞き手(来客)はソトの人であり，話題の人物(担任の先生)はウチの人である。ウチ・ソトの関係を優先する企業などでは，身内の目上を控えめに表現する習慣が一般的であるが，学校ではBの発話例のような身内尊敬用法を耳にすることがある。身内尊敬用法は，ウチ・ソトの関係よりも身内の上下関係を優先した敬語の使い方で，共通語では規範から外れた使い方とされている。

B. 担任の先生をたずねて来た客から生徒が所在を聞かれて，「はい，今美術室に<u>いらっしゃいます</u>」

地域差を図 7-19 に，地域・性差を図 7-20 に示す。

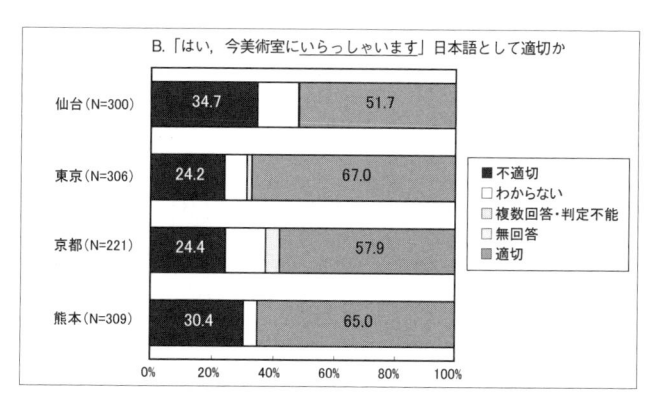

図 7-19 「はい，今美術室に<u>いらっしゃいます</u>」（地域差）

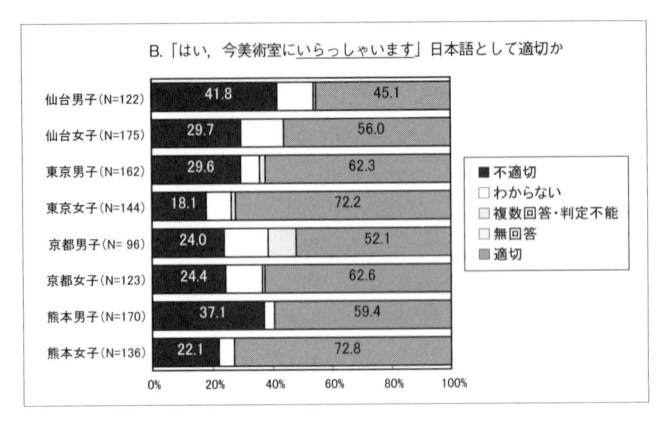

```
                    B.「はい，今美術室にいらっしゃいます」日本語として適切か
   仙台男子(N=122)    41.8              45.1
   仙台女子(N=175)  29.7            56.0
   東京男子(N=162)  29.6             62.3           ■不適切
   東京女子(N=144) 18.1              72.2           □わからない
   京都男子(N= 96)  24.0           52.1             ▨複数回答・判定不能
   京都女子(N=123)  24.4             62.6           □無回答
   熊本男子(N=170)   37.1            59.4           ▨適切
   熊本女子(N=136)  22.1             72.8
                 0%   20%   40%   60%   80%  100%
```

図 7-20 「はい，今美術室にいらっしゃいます」(地域・性差)

すべての地域において，適切が 5～7 割の間にある。高い順に東京(67.0%)，熊本(65.0%)，京都(57.9%)，仙台(51.7%)である。不適切とする割合は，高い順に，仙台(34.7%)，熊本(30.4%)，京都(24.4%)，東京(24.2%)である。

すべての地域において，女子の方が適切とする割合が高い。仙台，東京，熊本では男子の方が不適切とする割合が高い。

平成 9 年度「国語に関する世論調査」(文化庁 1998)では，「外部の人への言い方(会社の受付の人の場合)」について次のように尋ねている。

Q12 会社の受付の人が外部の人に，自分の会社の鈴木課長のことを話す場合，「鈴木は…」と言うのと「鈴木さんは…」と言うのと「鈴木課長は…」と言うのでは，どれが一番よいと思いますか。

単純集計の結果をみると，呼び捨ての「鈴木は…」(48.4%)が 5 割弱で，役職名を付ける「鈴木課長は…」(43.0%)と，敬称を付ける「鈴木さんは…」(5.3%)を合わせた身内尊敬用法肯定派も 5 割弱と拮抗している。クロス集計結果をみると，呼び捨てする人が多いのは，年齢層では 20 代(男性 56.9%，女性 66.7%)と 30 代(男性 65.7%，女性 67.6%)，職業では管理・専門技術・事務職(66.3%)である。この結果は，企業社会で働く層には，外部の人に身内の目上のことを話す場合は尊敬語を使わず，控えめに表現する習慣が定着しているが，国民の約半数は身内尊敬用法肯定派であることを示す。

学校社会で生活する高校生の場合，身内尊敬用法を不適切とする割合はどの地域・性でも約 2～4 割である。企業社会で働く層のような，ウチ・ソトの関

係を優先させて身内の目上を控えめに表現すべきという規範意識を持っている割合は低いと言える。

3.2.3. 「〜させていただく」の拡大用法

「〜させていただく」は，もともと，相手の恩恵を受けて，あるいは相手の許可を仰いで，何かを「させてもらう」場合の謙譲表現として使われてきた。この謙譲表現が，相手の恩恵や許可とは関係なしに何かを「する」ことを言うCのような場面でも使われるようになった。もともとは「する」の謙譲語「いたす」を使って「説明いたします」と言うか，謙譲語「お／ご〜する」を使って「ご説明します」と言っていたところである。このような「〜させていただく」の拡大用法について適切性の判断はどうなっているか，高校生の規範意識をみていく。

C. 会議で発表者が，「それでは説明させていただきます」

地域差を図 7-21 に，地域・性差を図 7-22 に示す。

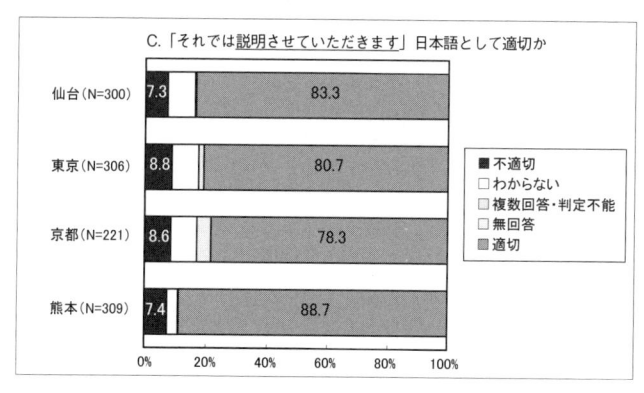

図 7-21 「それでは説明させていただきます」（地域差）

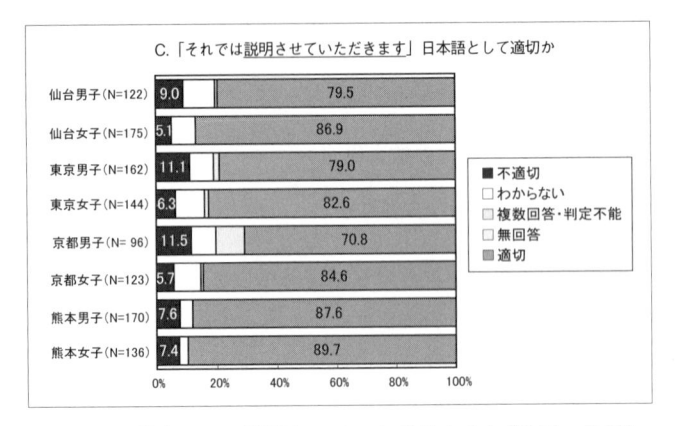

```
                C.「それでは説明させていただきます」日本語として適切か
仙台男子(N=122)  9.0            79.5
仙台女子(N=175)  5.1            86.9
東京男子(N=162) 11.1            79.0         ■不適切
東京女子(N=144)  6.3            82.6         □わからない
京都男子(N= 96) 11.5            70.8         ▨複数回答・判定不能
京都女子(N=123)  5.7            84.6         □無回答
熊本男子(N=170)  7.6            87.6         ▩適切
熊本女子(N=136)  7.4            89.7
              0%  20%  40%  60%  80% 100%
```

図7-22 「それでは説明させていただきます」(地域・性差)

すべての地域において適切がほぼ8～9割の間にある。高い順に熊本(88.7%),仙台(83.3%),東京(80.7%),京都(78.3%)である。

不適切とする割合はすべての地域において,1割程度である。

性差をみると,適切とする割合はどの地域でも女子の方がわずかに高い。

平成8年度「国語に関する世論調査」(文化庁1996)では,「～させていただきます」を使った「これで会議を終了させていただきます」など四つの文例を提示して,「気になる」か「気にならない」か尋ねている。単純集計の結果をみると,「ドアを閉めさせていただきます」と「この商品は値引きさせていただきます」については,気になる人が2割近くいるものの,そのほかの文例についてはすべて1割未満である。

「～させていただく」の拡大用法は高校生にも国民にも許容される傾向にあると言える。

3.2.4. 聞き手の行為について言うときの尊敬語の不使用

面と向かって話している聞き手の行為について言うとき,Dの文例のように尊敬語を使わず,丁寧語だけで済ませてしまう言い方を耳にすることがある。敬語のより厳格な規範では,面と向かって話している聞き手の行為「行く」については尊敬語を使って,「いらっしゃいますか」「行かれますか」と言うのが適切な言い方とされる。

D. 生徒が先生に,「先生も応援に行きますか？」
地域差を図 7-23 に,地域・性差を図 7-24 に示す。

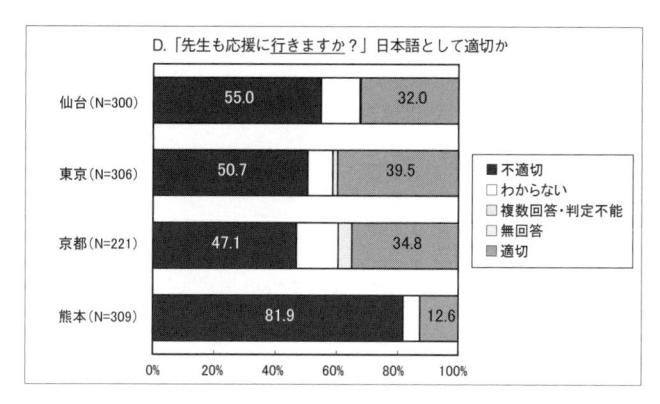

図 7-23 「先生も応援に行きますか？」（地域差）

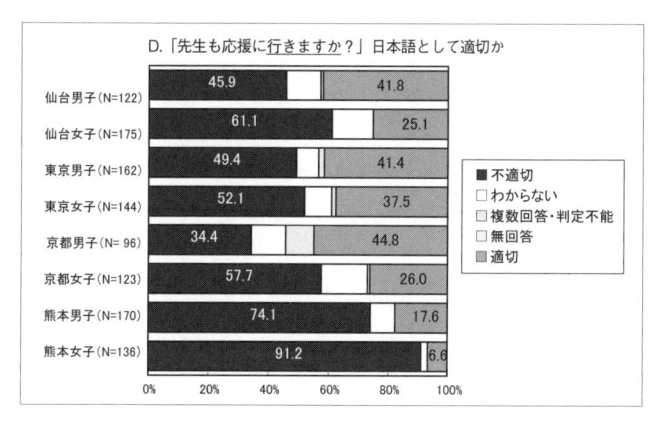

図 7-24 「先生も応援に行きますか？」（地域・性差）

　地域差が大きく,不適切とする割合は熊本(81.9%)が 8 割強と抜きん出て高い。そのほかの仙台(55.0%),東京(50.7%),京都(47.1%)は 5 割前後で並んでいる。
　適切とする割合は,東京(39.5%),京都(34.8%),仙台(32.0%)が 3〜4 割であるのに対して,熊本(12.6%)は 1 割強である。
　性差も大きく,不適切とする割合は,すべての地域において女子の方が高い。

特に，熊本女子(91.2%)は9割以上が不適切としている。

平成7年度「国語に関する世論調査」(文化庁1995)では，聞き手の行為について尊敬語を使わない言い方「○○さん，<u>おり</u>ましたら御連絡ください」について，「気になる」か「気にならない」か尋ねている。単純集計の結果をみると，「気になる」(56.0%)が「気にならない」(41.8%)を上回っている。このデータを方言敬語簡素地域，首都圏，方言敬語複雑地域別にクロス集計した結果(吉岡2000)を**表7-2**に示す。

表7-2 「○○さん，<u>おり</u>ましたら御連絡ください」気になるか　　　　単位：%

地　　域	気になる	気にならない	どちらとも言えない	分からない
方言敬語簡素地域	37.7	59.0	2.3	1.0
首　都　圏	49.8	49.2	0.6	0.4
方言敬語複雑地域	68.3	29.6	1.3	0.8
全　体	56.0	41.8	1.4	0.8

「おりましたら」という聞き手の行為について尊敬語を使わない言い方に対する規範意識は，地域差が大きい。「気になる」は方言敬語複雑地域(68.3%)で7割弱と抜きん出て高い。もっとも低いのは方言敬語簡素地域(37.7%)である。逆に，「気にならない」は方言敬語簡素地域(59.0%)で6割弱と高く，首都圏(49.2%)でも約半数に達している。もっとも低いのは方言敬語複雑地域(29.6%)である。

方言敬語複雑地域では，聞き手の行為に言及する場合は尊敬語を使うべきだという，より厳格な規範意識が保たれているとみることができる。また，方言敬語複雑地域に位置する熊本の高校生は，厳格な規範意識を持っていて，聞き手の行為について言うときの尊敬語の不使用を不適切と判断している。方言敬語簡素地域や首都圏の高校生は，適切か不適切かでゆれているとみることができる。

3.2.5. 第三者の行為について言うときの尊敬語の不使用

その場に居合わせない第三者の行為について言うとき，Eの文例のように尊敬語を使わず，丁寧語だけで済ませてしまう言い方を耳にすることがある。上下関係を重視する敬語のより厳格な規範では，その場に居合わせない第三者が目上であれば，最低限でも後の動詞「言う」については尊敬語を使って，「来

るとおっしゃっていました」「来るとおっしゃいました」「来ると言われました」と言うのが適切な言い方とされる。さらに前の動詞「来る」についても尊敬語を使った「いらっしゃるとおっしゃってました」も適切な言い方とされる。

現代の敬語は，聞き手への配慮によって使われる傾向があり，聞き手の行為を言うところでは尊敬語を使うべきだが，その場に居合わせない第三者については使う必要はないという規範意識が若い層から広がりつつある。

ここでは，その場に居合わせない第三者の行為について言うときの尊敬語の不使用について，規範意識をみていく。

E．生徒が体育の先生に，「校長先生も応援に来ると言っていました」

地域差を図7-25に，地域・性差を図7-26に示す。

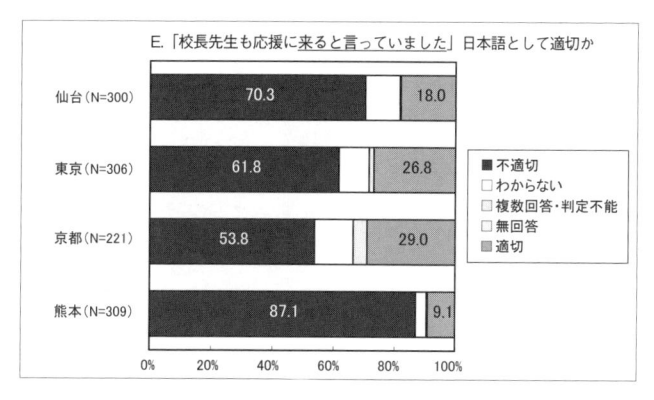

図7-25 「校長先生も応援に来ると言っていました」（地域差）

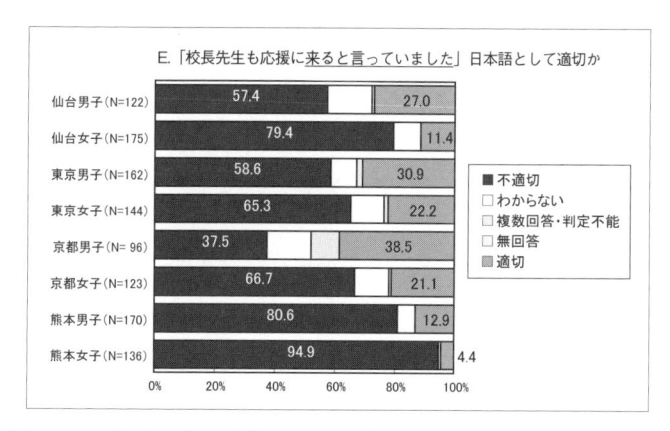

図7-26 「校長先生も応援に来ると言っていました」（地域・性差）

地域差が大きく，不適切とする割合は熊本(87.1%)が9割弱と抜きん出て高い。次に高いのが仙台(70.3%)の7割で，東京(61.8%)の6割，京都(53.8%)の5割強が続く。

性差も大きく，不適切とする割合は，すべての地域において女子の方が高い。特に，熊本女子(94.9%)は9割5分と抜きん出て高く，仙台女子(79.4%)，京都女子(66.7%)，東京女子(65.3%)と8割から7割弱で続いている。

以上の結果には，聞き手が体育の先生で，その場に居合わせない第三者が校長先生という場面を提示したことが影響を与えているとも考えられる。体育の先生も校長先生も，高校生が敬語使用を意識しがちな人物である。このような対人関係場面では，その場に居合わせない第三者の行為についても，尊敬語を使うべきだという規範意識を持っている高校生が少なくないと言える。

4. まとめと提言
4.1. まとめ

高校生の敬語についての規範意識を，敬語形式の適切性についての判断と，敬語行動の適切性についての判断の両面からみていった結果は，次のようにまとめられる。

《敬語形式についての規範意識》

(1) 二重尊敬の形式「おっしゃられる」「お書きになられる」は，高校生にも許容される傾向にある。特に女子の許容度が高い。
(2) 謙譲語「申す」に尊敬語「れる」を付加した形式「申される」について，高校生は厳格な規範意識を持って不適切と判断している。
(3) 「おる」に尊敬語「れる」を付加した形式「おられる」については，京都の高校生は，「おる」を「いる」の丁重語とみて，「おられる」は正用と判断する人が多数派であり，京都以外の地域の高校生は，誤用か正用かでゆれている。
(4) 聞き手の行為について尋ねる場面で使われる「おりましたら」という尊敬語を含まない形式については，方言敬語の分布状況と関連する地域差がみられる。方言敬語簡素地域の高校生は，聞き手の行為について尋ねる場面で尊敬語を使わないことに寛容である。それに対して，方言敬語複雑地域の高校生は，尊敬語を使うべきだという規範意識を持っている。東京

（世論調査では首都圏）はその中間にあると言える。
(5) 聞き手の行為を言う場面で使われる謙譲語の可能形「お／ご～できる」については，高校生の約8～9割が適切としている。国民も6割強が適切としている。可能形における尊敬語と謙譲語の使い分けについては，高校生も国民も規範意識を持っていないと言える。
(6) 尊敬語と謙譲語の混同である「お／ご～してください」については，熊本女子の不適切とする割合の高さが目立つが，そのほかの地域・性では，世論調査の結果と似通った傾向がみられる。高校生も国民も正用か誤用かで規範がゆれていると言える。
(7) 「お～動詞＋形容詞」の形式である「お求めやすい」という商業敬語については，高校生に許容される傾向にあり，特に女子の許容度が高い。

《敬語行動についての規範意識》
(8) 謙譲語「あげる」の美化語的用法については，使用率の高い首都圏の高校生は許容する傾向にあるのに対して，使用率の低い方言敬語複雑地域の熊本や京都の高校生は許容していない。
(9) 身内尊敬用法を不適切とする割合は，高校生の場合，どの地域・性でも約2～4割である。ソトの聞き手に対しては身内の目上を控えめに表現するという，企業社会で働く層のような規範意識を持っている高校生の割合は低いと言える。
(10)「～させていただく」の拡大用法は，高校生にも国民にも許容される傾向にある。
(11) 聞き手の行為について言うときの尊敬語の不使用については，方言敬語複雑地域の熊本の高校生は，厳格な規範意識を持っていて不適切と判断している。方言敬語簡素地域や首都圏の高校生は，適切か不適切かでゆれている。
(12) その場に居合わせない第三者の行為について言うときの尊敬語の不使用については，厳格な規範意識を持っていて不適切とする高校生が少なくない。特に，熊本および女子は不適切とする割合が高い。

以上の結果の中には，方言敬語の分布状況と関連するものが少なくない。特に(4)は，地域社会の言語生活で使われる言語レパートリーの中に，敬語の変

種が豊富に含まれているか，そうでないかが，高校生の規範意識の形成に大きく影響することを証明する結果である。

また，学校社会で生活する高校生は，当然のことながら，学校社会の上下関係を優先させる規範が身についていて，企業社会のウチ・ソト関係を優先させる規範はまだ持っていないことが分かった。学校社会では，上下関係重視の絶対敬語的な規範が根強く存在し，企業社会でみられるような場面によってウチ・ソトの関係を優先させる相対敬語的な規範は広がっていないためと考えられる。

4.2. 敬語教育への提言

敬語を使いこなして話せるようになるには，さまざまな対人関係場面に対応して，どのような表現を選択・付加すべきかというルールが，意識の中に形成されていなければならない。また，そのルールが規範意識として形成されていても，それが適切であるか不適切であるかを，さまざまな対人関係場面のコミュニケーションによって検証しないことには，実用の役には立たない。人が適切な敬語の使い方をして，円滑なコミュニケーションをしているのを聞きとめて手本とし，それに習うことも必要である。高校の実情をみるかぎり，高校生たちは，文学作品に書かれた敬語を知識として教えられることはあっても，話し言葉の敬語について体系的に学習する機会がなく，自発的な発話でそれを使用するという対話訓練の機会に恵まれていない。フォーマルな場面の授業中でも，生徒は対等な参加者ではないから，先生からのほとんど一方的な注入が多く，生徒が自発的にメッセージの送り手になることは少ない。しかも，その一方的な注入は，ほとんど敬語形式を含まない発話によって行われる。学校以外のさまざまな社会で，立場の異なる人と円滑なコミュニケーションを図るための，敬語の使い方の手本とするに不十分である。高校生は，自発的な発話を直接的に目上に向けるという対話訓練が，日常のフォーマルな場面でもできないばかりか，その手本も示されていないのである。就職や進学の面接試験に備えて，高校で行われている言葉遣いの指導は，付け焼刃の敬語を使った文型の丸暗記だそうである。筆者も大学に勤めていた頃，入試で面接を担当したことがあったが，面接をする側としては「借り物の敬語はもういいから，自分のことばで自分の考えを話してください」と言いたくなるような，ぎこちない敬語である。また，この調査の質問文で提示したような誤用例もしばしば聞かれた。

面接場面での受験生の発話には，話者の自発性によるポライトネス・ストラテジー(Brown & Levinson 1987)がみられず，コミュニケーションを楽しく円滑に進めて，自分(受験者)を理解し受け入れてもらおうとする積極的な意思も感じられない。これでは異なる社会的背景を持つ人と人間関係を築くことにも，臆病にならざるを得ない。自ら考えて対話を成り立たせ，人間関係を構築する若者を育てるためにも，自発的なポライトネス・ストラテジーとして敬語を効果的に使う発信型の言語能力を獲得させる必要がある。また，そのためのコミュニケーション教育カリキュラムや，教師研修プログラムを準備する必要があろう。

参考文献

石野博史・稲垣文男（1987）「現代人と敬語」『放送研究と調査』37-7　pp.15-29　日本放送出版協会

井出祥子（1993）「世界の女性語・日本の女性語 ―女性語研究の新展開を求めて―」『日本語学(臨時増刊号「世界の女性語　日本の女性語」)』12-6　pp.4-12　明治書院（「女性語の世界 ―女性語研究の新展開を求めて―」『女性語の世界』井出祥子編 1997 明治書院として再刊）

井出祥子・荻野綱男・川崎晶子・生田少子（1985）『アメリカ人と日本人の敬語行動』南雲堂

井上史雄（1981）「敬語の地理学」『国文学(臨時増刊号「敬語の手帖」)』26-2　pp.39-47　学燈社

任栄哲・井出里咲子（2004）『箸とチョッカラッ』大修館書店

沖裕子（1993）「方言談話にみる謝罪的感謝表現の選択」『日本語学』12-12　pp.39-47　明治書院

小倉良之（1997）「「っていうか」触手言語とルーズソックス」『日本語学のみかた。』アエラムック p.76　朝日新聞社

加藤正信（1973）「全国方言の敬語概観」『敬語講座 6　現代の敬語』pp.25-83　明治書院

神崎高明（2005）「Jespersen と女性語」『言語と文化』8　pp.29-41　関西学院大学言語教育研究センター

熊谷智子（1995）「依頼の仕方 ―国研岡崎調査のデータから―」『日本語学』14-11　pp.22-32　明治書院

熊谷智子（2000）「言語行動分析の観点 ―「行動の仕方」を形づくる諸要素について―」『日本語科学』7　pp.95-113　国書刊行会

国立国語研究所（1957）『国立国語研究所報告 11　敬語と敬語意識』秀英出版

国立国語研究所（1971）『国立国語研究所報告 41　待遇表現の実態 ―松江 24 時間調査資料から―』秀英出版

国立国語研究所（1982）『国立国語研究所報告 73　企業の中の敬語』三省堂

国立国語研究所（1983）『国立国語研究所報告 77　敬語と敬語意識 ―岡崎における 20 年前との比較―』三省堂

国立国語研究所（1986）『国立国語研究所報告 86　社会変化と敬語行動の標準』秀英出版

国立国語研究所（1991）『方言文法全国地図　第2集』国立印刷局
国立国語研究所（2002）『国立国語研究所報告118　学校の中の敬語1 ―アンケート調査編―』三省堂
国立国語研究所（2003）『国立国語研究所報告120　学校の中の敬語2 ―面接調査編―』三省堂
国立国語研究所（2005）『日本語社会における配慮の言語行動』非売品
篠崎晃一・小林隆（1997）「買物における挨拶行動の地域差と世代差」『日本語科学』2　pp.81-101　国書刊行会
陣内正敬（1998）『日本語の現在』　アルク
杉戸清樹（1983）「待遇表現としての言語行動：注釈という視点」『日本語学』2-7　pp.32-42　明治書院
杉戸清樹（1989）「言語行動についてのきまりことば」『日本語学』8-2　pp.4-14　明治書院
杉戸清樹（1992）「言語意識」真田信治・渋谷勝己・陣内正敬・杉戸清樹編『社会言語学』第7章　おうふう
杉戸清樹（1993）「言語行動における省略」『日本語学』12-10　pp.4-10　明治書院
杉戸清樹（1994）「お礼に何を申しましょう」『日本語学』13-8　pp.55-62　明治書院
杉戸清樹（1996）「メタ言語行動の視野」『日本語学』15-11　pp.19-27　明治書院
杉戸清樹（2001a）「待遇表現行動の枠組み」『第7回国際シンポ第4部会報告書　談話のポライトネス』pp.99-109　凡人社
杉戸清樹（2001b）「敬意表現の広がり」『日本語学』20-4　pp.22-33　明治書院
杉戸清樹（2004）「講演記録　敬意表現行動の規範意識をめぐって」『待遇コミュニケーション研究』2号　pp.66-86　早稲田大学待遇コミュニケーション研究会
杉戸清樹（2005）「日本人の言語行動 ―気配りの構造」『表現と文体』pp.362-371　明治書院
時枝誠記（1945）『国語学原論』岩波書店
藤原与一（1978）『方言敬語法の研究1』春陽堂
藤原与一（1979）『方言敬語法の研究2』春陽堂
文化庁（1995）『平成7年度　国語に関する世論調査』大蔵省印刷局
文化庁（1996）『平成8年度　国語に関する世論調査』大蔵省印刷局
文化庁（1998）『平成9年度　国語に関する世論調査』大蔵省印刷局
文化庁（2000）『国語に関する世論調査　平成12年調査』大蔵省印刷局
益岡隆志・田窪行則（1989）『基礎日本語文法』くろしお出版

参考文献

南不二男（1974）『現代日本語の構造』大修館書店
吉岡泰夫（1990）「フォーマル・コミュニケーションの壁 ―若者の談話行動―」『言語』19-8　pp.52-58　大修館書店
吉岡泰夫（1996）「学校社会における敬語行動と規範意識」『学校の中の敬語』（平成8年度国立国語研究所公開研究発表会資料）
吉岡泰夫（1997）「敬語行動と規範意識の地域差 ―方言敬語の多様性との関連から―」『言語』26-6　pp.58-65　大修館書店
吉岡泰夫（1997）「コミュニケーション能力を育てる敬語行動教育」『日本語学』16-11　pp.98-106　明治書院
吉岡泰夫（2000）「敬語使用と規範意識の社会差・地域差」『計量国語学』22-6　pp.239-251　計量国語学会
吉岡泰夫（2003）「敬語の社会差・地域差と対人コミュニケーションの言語問題」『朝倉日本語講座8　敬語』pp.117-138　朝倉書店
吉岡泰夫（2004）「回答の多様性」『日本語学(臨時増刊号「現代の質問調査法」)』23-8　pp.99-109　明治書院
米川明彦（1996）『現代若者ことば考』丸善ライブラリー210
Brown, P. & Levinson, S.（1987）*Politeness: Some universals in language usage.* Cambridge: Cambridge University Press.
Hymes, D.（1972）'Models of the Interaction of Language and Social Life' Gumperz, J. & Hymes, D.（eds.）*Directions in Sociolinguistics.* New York: Holt Reinhalt & Winston.
Jespersen, O.（1922）*Language: Its Nature, Development and Origin.* London: George Allen & Unwin.（市川三喜・神保格訳(1927)『言語：その本質・発達及び起源』岩波書店）
Lakoff, R.（1975）*Language and Woman's Place.* New York: Harper & Row.（かつえ・あきば・れいのるず訳(1990)『言語と性：英語における女の地位』有信堂）
Tannen, D.（1990）*You Just Don't Understand: Men and Women in Conversation.* New York: Ballantine Books.

資料1

［敬意表現］　　　　　　**面接調査票**　　　　　98年度　東京

　これから，皆さんがふだんどのようなことばで話しているかということをおたずねします。どういう言い方が正しいということはありませんので，固くならずに，いつもの調子を教えてください。質問がわかりにくかったら，遠慮なくたずねてください。

［地区名］_____　［調査員］_____
　　　　　　　　　　　　　　　　　　　　　　（主な質問者には□）

［グループ番号］_____　　［調査日］　　　　　　［開始時刻］
　　　　　　　　　　　　　　　　19___年___月___日　　___時___分

［調査対象者］　　　　　　　　　　［配置図］

　　A：_____さん（男・女）

　　B：_____さん（男・女）

　　C：_____さん（男・女）

［調査場所］　_____

［調査票記入者］　_____

録音確認！　　　　＊現場での記録はメモ程度でよい。
　　　　　　　　　　＊＊□には，発言の順番をチェックする。【ここでは省略】

167

面接調査票

1. 道尋ね

1. 1. 【東京／仙台／京都／熊本】の街角でのことだと考えてください。【都内／仙台／京都／熊本】でも初めて来た街で，郵便局がどこにあるのかを，通りがかりの人に尋ねるとしたら，何と言いますか？

1. 2. 尋ねた相手の人が道順を教えてくれたとしたら，どんなふうにお礼を言いますか？

1. 3. 尋ねた相手の人が，忙しそうにみえたにもかかわらず，分りやすい交差点まで連れて行ってくれたとしたら，どんなふうにお礼を言いますか？

1. 4. 同じように道を尋ねるとして，交番にいる警察官に尋ねるとしたら，何と言いますか？

1. 5. 警察官が道順を教えてくれたとしたら，どんなふうにお礼を言いますか？

2. 葉書の要求

2. 1. お家の近所の郵便局ではがきを10枚まとめて買うとしたら，どのように言いますか。窓口の局員は，20～30代の男の人だとします。

2. 2. お金を出してはがきを受け取ったとき，お礼を言いますか？　もし言うとしたらどんなふうに言いますか？
　　　　　　　1. お礼は言わない
　　　　　　　2. お礼を言う → どんなふうに？

3. 荷物預け

3. 1. 行きつけの店でかさばる買物をしたとします。そのあとで，ちょっとよそへ廻るので，その荷物【高校生の調査では「その荷物や乗ってきた自転車」】をあずかっておいてもらうとしたら，店の人に何と言って頼みますか？　お店の人は，よく知っている20～30代の男の店員だとします。

3. 2. この場合,「ちょっとほかで用事があるから」とか「ちょっと荷物が大きくなったので」などというように,頼む理由にあたる内容のことを言ったほうがいいと感じますか? それとも特に必要ないと思いますか?
   1. 言った方がいい
   2. 必要ない

4. 傘忘れ

 バスに乗っていると,中年の男の人が傘を忘れて降りて行きかけたとします。その人は,あなたの知らない人だとします。この人に傘を忘れたことを注意するとしたら,どんな言い方になりますか? 呼びかけるところから言ってみてください。

5. 医者の往診の依頼

5. 1. お宅の家の近所の人が急病になったとします。あなたが頼まれてお医者さんの家に行くと,お医者さんが玄関に出てきました。そのお医者さんに,すぐ来てもらうのには,何と言って頼みますか? お医者さんは50～60歳の男の人とします。

5. 2. では,お家の家族の方が急病になったとします。電話したところ,お医者さんが出ました。そのお医者さんにすぐ来てもらうのには,何と言って頼みますか? お医者さんは50～60歳の男の人とします。

5. 3. このように,お家の家族の方が急病になったとして,お医者さんに電話で往診を頼む場合,その時刻が,夜おそい時間だったら,どんな頼み方になりますか? (夜9時～10時頃)

6. 中座

6. 1. 町内会の集まり【高校生の調査では「部活動のミーティング」】に出席していて,まだ途中ですが,他に用事があって中座しなくてはならなくなったとします。座長【高校生の調査では「部長」】には,前もって

そのことは話してあります。近くに座っている人にことばをかけて途中で退席するとしたら、どんな言い方になりますか？

6. 2. そのとき、「ほかに用事がありますから」などというような中座する理由を説明してから席をはずしますか？　それとも「ちょっと失礼します」とだけ言って席をはずしますか？　理由を言う場合は、どんなことを言いますか？
　　　　　　1. 理由を言う　→　どんなこと？
　　　　　　2. 理由を言わない

6. 3. 理由を言わないで退席することだけ言う言い方(例えば「お先に失礼します。」とだけ言って理由を言わない言い方)は、どんな感じがしますか？

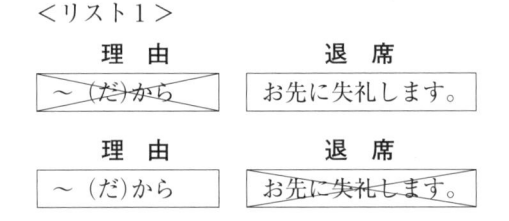

　　　＜リスト１＞

理　由	退　席
~~〜（だ）から~~	お先に失礼します。

理　由	退　席
〜（だ）から	~~お先に失礼します。~~

6. 4. では逆に、退席することを言わないで理由だけ言う言い方(例えば「ちょっと用事がありますから。」とだけ言って「失礼します」を言わない言い方)は、どんな感じがしますか？
　　　＜リスト１＞

7. 依頼の引き受け／断り

7. 1. 老人クラブや町内会など【高校生の調査では「部活動」】の相談で、役員がなかなか決まらなかったとします。そのとき、他の人からその役員を引き受けてほしいと何度も頼まれて、引き受けるとしたら、どんなふうに言いますか？【謙遜の表現の有無もチェックした】

7. 2. 「私でよければ」「僕でよければ」のような謙遜の言い方だけでとどめて、「引き受けます」に当るところをはっきり言わない言い方は、どんな感じがしますか。

170

＜リスト2＞

謙　遜	引き受け
私でよければ、	~~引き受けます。~~

7.3. 何度も頼まれたけれども断るとしたら，どんな言い方になりますか？

7.4. 「自分には無理だから」とか「いそがしいから」のような理由だけで止めてもいいと思いますか？　それとも，「できません」とか「無理です」のような断りまできちんと言った方がいいと思いますか？

　　　　　　　1. 理由だけでいい
　　　　　　　2. 断りまで言うべきだ

＜リスト3＞

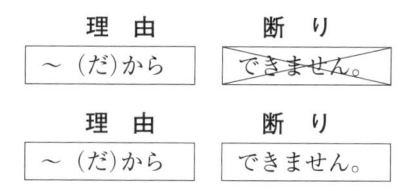

理　由	断　り
〜（だ）から	~~できません。~~

理　由	断　り
〜（だ）から	できません。

8. おつりの確認要求

　行きつけのお店で買物をしておつりをもらったところ，おつりが足りなかったとします。自分の計算に間違いはなく，確かに店員の間違いだということがはっきりしているとします。そのようなとき，店員にもう一度確かめてもらうように言うとしたら何と言いますか？　店員は30代の女性だとします。

9. 訪問販売に対する断り

9.1. 一人で留守番をしている時に，新聞購読を勧める男のセールスマンが訪ねてきたとします。その人の話を断るとしたらどのように言いますか？

9.2. 「家の者が留守だから」などのような理由だけで留めても断ったことになると思いますか？　それとも断りの言葉をきちんと最後まで言った方がいいと思いますか？

1. 理由だけで留めても断ったことになる。
2. 断りの言葉をきちんと最後まで言った方がいい。

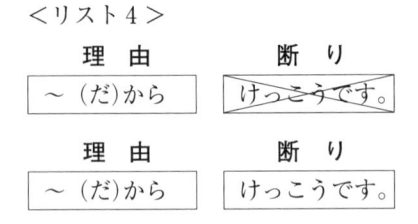

＜リスト4＞

理　由	断　り
～（だ）から	~~けっこうです。~~

理　由	断　り
～（だ）から	けっこうです。

10. 身内敬語の使用

　ご自分のお父さんが，旅行に出かけて家にいない日のことを考えて下さい。そんなとき，あなたもよく知っているお父さんの友達が家に来たとします。その人から，お父さんは家にいるかどうかを尋ねられて，「父親は，今日は家にいない。明日は帰る。」という意味のことを答えるとしたら，どのように言いますか？【「父親」「いない」「帰る」を敬語形式にするか否かに特に注目】

11. 謝罪

11. 1.【都内／仙台／京都／熊本】の繁華街を歩いていたとき，自分がよそ見をしていてうっかり人にぶつかってしまったとします。相手に謝るとしたらどんな言い方になりますか？

11. 2. 逆に，相手がよそ見をしていたためぶつかられて，相手が謝ったとしたら何か言いますか？【「言わない」の回答については会釈等の有無を確認】
　　　　　1. 言う → どんなこと？
　　　　　2. 言わない

12. 勧め

12. 1. 家にあなたの親しい人【高校生の調査では「友達」】が来たとします。

食事どきになったので，用意してあった食事をその人に勧めるとしたら，どんな言い方になりますか？

12. 2. 逆に，あなたが親しい人の家を訪問したとき，用意してあった食事を相手から勧められたとします。それを受入れるとしたらどんな言い方をしますか？

12. 3. では，食事を勧められて辞退するとしたらどんな言い方をしますか？

[終了時刻]　　　　　[所要時間]
____時___分　　　　_____分

◆インフォマントの居住歴(5～15歳の最長居住地)，両親の出身地，特記事項・感想。

本人 { 1.ずっと【区内／市内】 2.ずっと【都内／県内】 3.その他あり　　父 { 1.ずっと【区内／市内】 2.ずっと【都内／県内】 3.その他あり　　母 { 1.ずっと【区内／市内】 2.ずっと【都内／県内】 3.その他あり

◆これで終わりです。どうもありがとうございました。
◆謝礼をお渡しする。(テレホンカードとボールペン【高校生の調査ではシャープペンシル】)

資料2

＿／＿／＿／　　ことばのアンケート　　＿／＿／＿／

敬意表現98高校
国立国語研究所

説明
1. これは，国語のテストではありません。正しいとかまちがっているとかを質問するのではありません。点数にも関係ありません。
2. 皆さんが，ふだん学校や家庭でどんなことばを使っているのか，また，ことばについてどんなふうに感じているのかを教えて欲しいのです。
3. ですから，ふだんのことばづかいや考えを，そのまま答えてください。
4. 番号に○をつける答え方も，ことばを書き込む答え方もあります。わからなければ，先生に質問してください。
5. 記入したら，必ず先生に提出してください。

【学校名】　　　【学年】　【組】　【番号】【氏名】　　　　　　　【性別】
＿＿＿＿＿高等学校　＿＿＿学年　＿＿＿組　＿＿＿番　＿＿＿＿＿＿＿＿＿　［男　女］

はじめにふだんの生活についてうかがいます。あてはまるものに○をつけてください。

1. 友達に比べて，あなたは学校で先生や友達に自分からあいさつをするほうですか？
   1. するほうだ　　　　　　　2. しないほうだ

2. 友達に比べて，あなたは近所の人に自分からあいさつをするほうですか？
   1. するほうだ　　　　　　　2. しないほうだ

3. あなたの学校はあいさつやことばづかいがきちんとしていると思いますか？
   1. きちんとしていると思う　　2. そうでもない

4. 学校では部活動に所属していますか？
   1. 所属している➡それは何部ですか（　　　　　　　　　）　2. 所属していない

   ［1. を選んだ人だけ］
   ↓
   4.1. あなたの入っている部活はあいさつやことばづかいに厳しいと思いますか？
      1. 厳しいと思う　　　　2. そうでもない

5. 塾や習い事に行っていますか？

  1. 行っている ➡ それは何ですか（　　　　　　）　　　2. 行っていない

  [1. を選んだ人だけ]
  ↓
  5.1. 塾や習い事の先生はあいさつやことばづかいが厳しいほうですか？

   1. 厳しいほうだ　　　　2. そうでもない

6. あなたの家庭でのことばの環境についてうかがいます。あてはまるものに○をつけてください。いくつでもけっこうです。
1. 家に来客が多く，家族が敬語を使っているのをよく聞く。
2. 家に来客があると，あいさつをさせられたり，敬語を使うように言われることがある。
3. 家族からことばづかいを注意されたり，直されたりすることがある。
4. 家族の間で正しい敬語の使い方やことばづかいが話題になることがある。
5. 家族の間でも親や祖父母などに対しては敬語を使っている。
6. 1～5のいずれもあてはまらない。

7. あなたは今使っている敬語を，これまでのどんな機会に身につけてきたと思いますか？　あてはまるものに○をつけてください。いくつでもけっこうです。
1. 家庭のしつけ
2. 授業で勉強して（1. 小学校 2. 中学校 3. 高校）
3. 先生から指導されて（1. 小学校 2. 中学校 3. 高校）
4. 進路指導やＬＨＲで特別に勉強して（1. 小学校 2. 中学校 3. 高校）
5. クラブ活動で（1. 小学校 2. 中学校 3. 高校）
6. 敬語関係の本を読んで
7. 文法のテキストで勉強して
8. 塾や習い事の先生から指導されて
9. アルバイト先で
10. 自然に身についたので，よくわからない

8. あなたは大人の人（来客など）と話す場合，次のどんな点に気をつけていますか？あてはまるものに○をつけてください。いくつでもけっこうです。

 1. 声の大きさ　2. 発音やアクセント　3. 敬語の使い方　4. 共通語と方言の使い分け
 5. 文法上のあやまり　6. 話し方のくせ　7. 話すときの態度や表情

アンケート調査票

9. あなた自身のふだんのことばづかいについて，次のA～Eのそれぞれの選択肢(1, 2)のうち，あてはまるものをそれぞれ一つ選んで○をつけてください。

　A.　1. 友達と一緒にいるとき，自分はどちらかといえばよく話をするほうだ。
　　　2. 友達と一緒にいるとき，自分はあまり話をしないほうだ。

　B.　1. 友達と一緒にいるとき，自分のことばづかいは丁寧なほうだ。
　　　2. 友達と一緒にいるとき，自分のことばづかいは丁寧でないほうだ。

　C.　1. 先生や上級生に対して，自分のことばづかいは丁寧なほうだ。
　　　2. 先生や上級生に対して，自分のことばづかいは丁寧でないほうだ。

　D.　学校以外の場で，身近でない(知らない)おとなの人に対して，敬語をうまく使って話すことができるほうですか？　一つ選んでください。
　　　1. うまく使えるほうだ。 ─┐
　　　　　　　　　　　　　　　 ├─→ ［質問10］に進む
　　　2. だいたい使えると思う。 ─┘
　　　3. 苦手(にがて)だ。 ─┐
　　　　　　　　　　　　　 ├─→ ［E］に進む
　　　4. たいへん苦手だ。 ─┘

　E.　前問(D)で「3.」「4.」を選んだ人は，苦手な理由として，次のどれがあてはまりますか？あてはまるものをいくつでも選んでください。
　　　1. どんな言い方をすればいいのか，ことばを知らないから。
　　　2. どんな場面で敬語を使う必要があるのか，場面そのものがつかめないから。
　　　3. ことばは知っているが，場面に合った使い方がわからないから。
　　　4. ことばも使い方も知っているが，なんとなく気はずかしいから。
　　　5. 目上のおとなの人そのものが苦手(にがて)で，ことばが出てこないから。

10. いろいろな敬語を使い分けるということについてうかがいます。
　　　次の意見について，それぞれどう思いますか。あなたの意見に近い選択肢を一つずつ選んでください。

［意見1］同級生や親しい友達と話すとき，同じ相手に対してであっても，場合によって(クラス討論のときか休み時間のときかなどで)ことばを使い分けるほうがいい。

　　　　1. 賛成　　2. どちらかといえば賛成　　3. どちらかといえば反対　　4. 反対

［意見2］たとえばクラス討論などのあらたまった場で，まわりが親しい友達や同級生だけのとき，自分自身があらたまったことばづかいをするのは照れ臭い(恥ずかしい)ような気持ちがする。

　　　　1. する　　2. するときもある　　3. あまりしない　　4. ほとんどしない

［意見3］クラス討論などのあらたまった場で，まわりが親しい友達や同級生だけであっても，あらたまったことばづかいをするのはきちんとしていて(礼儀正しくて)いい。

    1. 賛成　　2. どちらかといえば賛成　　3. どちらかといえば反対　　4. 反対

［意見4］クラス討論などのあらたまった場で，まわりが親しい友達や同級生だけであるとき，友達のだれかがあらたまったことばづかいをするのを聞くと，気取っている(おとなぶっている)ように聞こえることがある。

    1. よくある　　2. ときどきある　　3. あまりない　　4. ほとんどない

［意見5］まわりが親しい友達や同級生だけでも，気楽な場面とあらたまった場面でことばづかいをある程度使い分けられるようにしたい(これからなりたい)。

    1. そう思う　　2. どちらかといえばそう思う　　3. あまりそう思わない
    4. そうは思わない

11.　声のかけ方についてうかがいます。
　　ほかのことをしている相手に話しかけて何かを頼むようなとき「ちょっと悪いけど」とか「ちょっといい(ですか)？」と初めに言うことがあると思います。

11－1.　あなたは，こういう言い方を次のような相手に対して言いますか？

   A. 親しい同級生に「ちょっと悪いけど」「ちょっといい？」
      1. 大体は言う　　　2. あまり言わない

   B. 部活(クラブ活動)の後輩(下級生)に「ちょっと悪いけど」「ちょっといい？」
      1. 大体は言う　　　2. あまり言わない

   C. 部活(クラブ活動)の先輩に「ちょっとすみません」「ちょっといいですか？」
      1. 大体は言う　　　2. あまり言わない

   D. 担任の先生に「ちょっとすみません」「ちょっといいですか？」
      1. 大体は言う　　　2. あまり言わない

11－2.　こういう言い方(「ちょっと悪いけど」「ちょっとすみません」など)を言うほうが丁寧だと思いますか？

      1. 言うほうが丁寧だと思う　　2. そうは思わない　　3. わからない

アンケート調査票

12. 電話のかけ方についてうかがいます。（PHS なども含む）

A. 友達に電話をすることが　　　1. よくある　　　　2. あまりない
　　　　　　　　　　　　　　　1日 ＿＿回　（週 ＿＿回位）

B. あなたは，相手が同じ人の場合，電話で話すときとふだん話すときではことばづかい（話し方）が変わりますか？
　　　1. 変わることが多い　　　2. あまり変わらない

C. 親しい友達の家に電話をしたら，友達のお母さんが出たとします。あなたの電話のかけかたで，次の点であてはまるほうに○をつけてください。
　　(1) 自分から名前をなのりますか？
　　　　1. 言うほうが多い　　2. 言わないほうが多い
　　　　↓
　　　　S.Q. どんなふうに言いますか？　具体的に書いてください。
　　　　（　　　　　　　　　　　　　　　　　　　　　　　　　）
　　(2) 自分から相手先を確認することばを言いますか？
　　　　1. 言うほうが多い　　2. 言わないほうが多い
　　　　↓
　　　　S.Q. どんなふうに言いますか？　具体的に書いてください。
　　　　（　　　　　　　　　　　　　　　　　　　　　　　　　）

D. 自分からあいさつのことば（「こんにちは」「こんばんは」「お世話になっています」など）を言いますか？
　　　1. 言うほうが多い　　　　2. 言わないほうが多い

E. 電話を友達に代わってもらうように頼むときにはどの言い方が多いですか？
　　1. 所在をたずねるだけ
　　　　（例　「○○君いますか？」「△△ちゃんいらっしゃいますか？」など）
　　2. 代わってくれるように頼むだけ
　　　　（例　「○○君お願いします」「△△ちゃんに代わってください」など）
　　3. 所在をたずねて，代わってもらうように頼む
　　　　（「1」と「2」の両方を言う）

F. 友達が留守だったので，伝言を頼みました。最後に，友達のお母さんに次のようなことばを言いますか？
　　(1) 「どうぞよろしくお願いします」
　　　　1. 言うほうが多い　　2. 言わないほうが多い
　　(2) 「ありがとうございました」
　　　　1. 言うほうが多い　　2. 言わないほうが多い
　　(3) 「失礼します」
　　　　1. 言うほうが多い　　2. 言わないほうが多い

アンケート調査票

13. 次の人に，夜，電話をするとします。
13－1. 話し始めるところで，「夜遅く悪いけど」とか「夜分遅くすみません」というようなことを言いますか？
　　　　また，言うとしたら，何時くらいにかける電話から言いそうでしょうか？

A. 親しい同級生に電話して「夜遅く悪いけど・・・」「夜遅くごめん」など。

　　　　1. 大体は言う　　2. あまり言わない
　　　　↓
　　　　言うとしたら何時くらいから言いそうですか？　一つ選んでください。
　　　　　　（夜7時以降　　8時以降　　9時以降　　10時以降　　11時以降）

B. 同級生に夜電話したら，その友達のお母さんが電話に出ました。そのお母さんに対して「夜遅くすみません」「夜分遅くもうしわけありません」など。

　　　　1. 大体は言う　　2. あまり言わない
　　　　↓
　　　　言うとしたら何時くらいから言いそうでしょうか？
　　　　　　（夜7時以降　　8時以降　　9時以降　　10時以降　　11時以降）

C. 部活（クラブ活動）の先輩に「夜遅くにすみません」「夜分すみません」など。

　　　　1. 大体は言う　　2. あまり言わない
　　　　↓
　　　　言うとしたら何時くらいから言いそうでしょうか？
　　　　　　（夜7時以降　　8時以降　　9時以降　　10時以降　　11時以降）

13－2. こういうことば（「夜遅くにすみません」「夜分すみません」など）を言うほうが丁寧だと思いますか？

　　　　1. 言うほうが丁寧だと思う　　2. 特にそうは思わない

14. クラスで学校祭の準備をしているときやクラブ（部）活動のとき，ほかの用事があって，あなただけ他の人より先に帰らなくてはならなくなったとします。
「今日はほかに用事があるから先に帰る」と断わるとして，このことばのうち，
「今日はほかに用事があるから」とか「塾があるから」とかいうような，理由を説明する部分について考えてください。以下のA～Cの選択肢の組のうち，あてはまるものを一つずつ選んでください。

A. 相手によって違いますか？

　　　　1. 相手がだれであっても，だいたいは理由を説明する。
　　　　2. 相手によって，理由を説明したりしなかったりで，決まっていない。
　　　　3. 相手がだれであっても，ほとんど理由は説明しない。

B. 前問(A)で，②を選んだ人にうかがいます。次の人のうち，あなたが理由を説明するだろうと思う人に○，理由は説明しないだろうと思う人に×をつけてください。

    1. 親しい同級生
    2. あまり親しくない同級生
    3. クラス担任の先生
    4. クラブの下級生・後輩
    5. クラブの上級生・先輩
    6. クラブの顧問の先生

C. こういうとき，簡単な言い方(「ちょっと用事があるので」くらい)であっても理由を言うほうが丁寧な断わり方だと思いますか？

    1. 理由を言ったほうが丁寧だと思う。
    2. 理由を言うからといって，丁寧だとは思わない。
    3. わからない

15. 知らない人への呼びかけの言い方についてうかがいます。

A. あなたが駅を歩いていたとき，50歳くらいの女の人がすぐ前を歩いていたとします。その人が切符を落としたことにあなたが気づき，その人を呼び止めるとしたら，次の言い方はあなたは言いそうでしょうか？

    (1)「すみません！」……………… 1. 言う　2. 言わない　3. わからない
    (2)「おばさん！」………………… 1. 言う　2. 言わない　3. わからない

B. こういう場合に「すみません！」と呼びかけるのは，どんな感じがしますか？

    1. 謝っているようでおかしな言い方だ。
    2. とくにおかしな言い方とは思わない。

16. 知らない人へのお礼の言い方についてうかがいます。

A. 逆に，あなたが駅で切符を落としてしまったとします。知らない人がそれに気づいて後ろから追いかけてきて，切符を届けてくれたとしたら，あなたは次のことを言いそうでしょうか？

    (1)「どうも。」(とだけ) …………… 1. 言う　2. 言わない　3. わからない
    (2)「(どうも)すみません。」……… 1. 言う　2. 言わない　3. わからない
    (3)「ありがとうございます。」… 1. 言う　2. 言わない　3. わからない

B. 会釈(軽く頭をさげること)はしますか？

    1. する
    2. しない

C. こういう場合に「すみません。」と言うのは，どんな感じがしますか？
    1. とくにおかしな言い方とは思わない。
    2. おかしい➡ その理由は？　1.「すみません」は謝りのことばだから。
                               2.＜お礼＞なのだから「ありがとう」と言うべきだから。
                                 3. その他（　　　　　　　　　　　　　）

D. 同じく「どうも」とだけ言ってお礼を言うのは，どんな感じがしますか？
    1. 簡潔（かんけつ）なお礼であり，良い感じがする。
    2. きちんとしたお礼になっていなくて，悪い感じがする。
    3. ふつうのお礼の言い方であり，とくに良い感じも悪い感じもしない。

17.　知らない人に謝るときの言い方についてうかがいます。

A. 道を歩いていたとき，自分がよそ見をしていたために，知らない人にうっかりぶつかってしまったとします。相手に謝るとしたら，次のそれぞれの言い方は，自分で使うことがありそうですか？　(1)～(4)それぞれについて答えてください。
    (1) すみません ……………… 1. 相手によっては使う　2. 全く使わない
    (2) ごめんなさい …………… 1. 相手によっては使う　2. 全く使わない
    (3) 失礼しました …………… 1. 相手によっては使う　2. 全く使わない
    (4) どうも（とだけ言う）…… 1. 相手によっては使う　2. 全く使わない

B. こういう場合に「どうも」とだけ言って謝るのはどんな感じがしますか？
    1. 簡潔（かんけつ）な謝り方であり、良い感じがする。
    2. きちんとした謝り方になっていなくて、悪い感じがする。
    3. ふつうの謝り方であり、とくに良い感じも悪い感じもしない。

18.　友達に頼むときやお礼の言い方についてうかがいます。

18－1.　友達に消しゴムを貸してくれるよう頼むとき，1と2のうち，どちらが丁寧な言い方だと思いますか？　A～Hのそれぞれについて答えてください。
    A.　1. 消しゴム貸してくれる？　2. 消しゴム貸してもらえる？　3. 両方同じ
    B.　1. 消しゴム貸してくれる？　2. 消しゴム貸してくれない？　3. 両方同じ
    C.　1. 消しゴム貸してくれる？　2. 消しゴム貸して。　3. 両方同じ
    D.　1. 消しゴム貸してくれる？　2. 消しゴムある？　3. 両方同じ
    E.　1. 消しゴム貸してくれる？　2. 消しゴム使いたいんだけど。　3. 両方同じ
    F.　1. 消しゴム貸してくれる？　2. 消しゴムとか貸してくれる？　3. 両方同じ
    G.　1. 消しゴム貸してくれる？　2. 消しゴム貸してくれる？家に忘れたから。
        3. 両方同じ
    H.　1. 消しゴム貸してくれる？　2. 悪いけど、消しゴム貸してくれる？
        3. 両方同じ

アンケート調査票

18－2. 友達から消しゴムを借りたとき，「サンキュー」や「どうも」などの簡単な言い方でなくて，「どうもありがとう」などと丁寧にお礼を言う場合がありますが，これについてどう思いますか？
   1. 良い感じがする。
   2. よそよそしくていやな感じがする。
   3. 特に良い感じもいやな感じもしない。ふつうの言い方だ。

19. 先輩や上級生からのさそいを断わるとき，AからEのそれぞれのうち，丁寧な言い方だと思うほうに○をつけてください。
  A. 1.「すみませんが，ちょっと用事がありますから…」
    2.「すみませんが，ちょっと用事がありますから，無理です」
    3. 両方同じ

  B. 1.「すみませんが，無理です」
    2.「すみませんが，ちょっと用事がありますから，無理です」
    3. 両方同じ

  C. 1.「すみませんが，ちょっと…」
    2.「すみませんが，ちょっと用事がありますから…」
    3. 両方同じ

  D. 1.「すみませんが，無理です」
    2.「すみませんが，無理だと思います」
    3. 両方同じ

  E. 1.「すみませんが，無理だと思います」
    2.「すみませんが，無理じゃないかと思います」
    3. 両方同じ

最近のことばづかいについてうかがいます。

20. 若い人達の間で，「～とか」，「～みたいな」，「～って感じ」などのような言い方がよく使われることが話題になっています。こうした言い方について教えてください。
  A. あなた自身は使いますか？
    1. よく使う
    2. ときどき使う
    3. あまり使わない
    4. わからない

  B. 使う相手についてはどう思いますか？
    1. どんな相手でも，使ってかまわない。
    2. 友達同士なら使ってもかまわない。
    3. だれに対してもできるだけ使わないほうがよい。
    4. わからない。

C. このような言い方について，どう思いますか？　○はいくつでもけっこうです。
　　1. 会話がはずんで良い。
　　2. 気配りが感じられて良い。
　　3. やわらかい感じで良い。
　　4. はっきり言わずに，ぼかした感じで良くない。
　　5. 無責任な感じがして良くない。
　　6. 特に何も感じない。
　　7. その他（　　　　　　　　　　　　　　　　　　　　　）

21.　次の言い方についての意見を聞かせてください。

21－1.　次のA～Hの言い方は，日本語として適切だと思いますか？　自分自身が使うか使わないかとは切り離して答えてください。
　　A.「校長先生がおっしゃられたとおりです」………… 1. 適切　2. 不適切　3. わからない
　　B.「校長先生がお書きになられたものです」………… 1. 適切　2. 不適切　3. わからない
　　C.「校長先生もそのように申されます」……………… 1. 適切　2. 不適切　3. わからない
　　D.「先生！放課後は職員室におられますか？」……… 1. 適切　2. 不適切　3. わからない
　　E.（駅で）「○○さん，おりましたら御連絡ください」
　　　　　　　　　　　　　　　　………… 1. 適切　2. 不適切　3. わからない
　　F.（駅で）「この切符はご利用できません」………… 1. 適切　2. 不適切　3. わからない
　　G.（駅で）「危険ですからご注意してください」…… 1. 適切　2. 不適切　3. わからない
　　H.（店で）「お求めやすい値段にいたしました」…… 1. 適切　2. 不適切　3. わからない

21－2.　次のA～Eの言い方は，日本語の使い方として適切だと思いますか？　自分自身が使うか使わないかとは切り離して答えてください。
　　A. 生徒が先生に，
　　　「いつも7時に妹を起こしてあげます」…………… 1. 適切　2. 不適切　3. わからない
　　B. 担任の先生をたずねて来た客から生徒が所在を聞かれて，
　　　「はい，今美術室にいらっしゃいます」…………… 1. 適切　2. 不適切　3. わからない
　　C. 会議で発表者が，
　　　「それでは説明させていただきます」……………… 1. 適切　2. 不適切　3. わからない
　　D. 生徒が先生に，
　　　「先生も応援に行きますか？」　…………………… 1. 適切　2. 不適切　3. わからない
　　E. 生徒が体育の先生に，
　　　「校長先生も応援に来ると言っていました」……… 1. 適切　2. 不適切　3. わからない

索 引

A
attitude 6

あ
相手との関係性 63, 84
「あげる」 133, 151~153, 161
アゲル 55, 66~68, 70, 71, 85, 86, 88
改まり性 58
アンケート調査 1, 10~13, 15~17, 90, 97~99, 111, 113, 117, 118, 121~123, 125~127, 130, 133

い
行きますか 150, 157
イタダカセテイタダキマス 66
イタダカセテモライマス 66
イタダキマス 57, 59, 87
イタダク 55, 67~71, 73, 85, 86
イタダク系 55, 61, 64, 66, 84, 85
逸脱意識 115, 127, 131
意図の曖昧 80, 86
嫌ダ型 103, 104
イヤダ類 103
依頼 2, 10, 14, 15, 18~20, 22~24, 27, 29~33, 35, 40, 42, 43, 45, 47, 52, 55, 56, 60, 63, 68, 74, 79, 82, 83, 87, 89, 92, 94~96, 102, 113, 131
依頼に対する断り 90, 107
依頼に対する受諾 56, 57
イラナイ類 102
イー類 105

う
受け手側の利益 67
ウケル 63
ウケル系 60, 61, 84
ウチ・ソトの関係 150, 151, 153, 154, 162

え
遠称方向詞 115
遠慮・辞退スル類 103
遠慮ナク 57, 87

お
岡崎調査 24, 27, 42, 53
お／ご～してください 133, 147, 148, 161
お／ご～できる 133, 145, 146, 161
オ言葉ニアマエテ 60, 87
お／ご～になれる 145
おっしゃられる 138, 139, 160
お～動詞＋形容詞 148, 161
お～になられる 139
お求めやすい 133, 148, 149, 161
おられる 133, 141, 142, 160
おりましたら 133, 135, 143, 144, 158, 160

か
会話スタイルの性差 121
拡大用法 133, 155, 156, 161
過剰敬語 133, 136
価値・目標 3~10
可能形 145~147, 161
可能性の否定 101
関係者の同席 83, 84, 87
勘弁・堪忍シテ類 103

き
基準 7, 52, 57, 82, 83, 87, 150
機能 5, 22, 25, 28, 43, 48, 125
機能的要素 10, 19, 22~28, 30~40, 44~53
規範 6, 115, 130, 133, 135, 148, 150, 153, 156, 158, 161, 162

索　引

規範意識　10, 56, 133~136, 139, 141, 143~145, 147, 150, 151, 153, 155, 158~162
恐縮表現　19, 55~57, 74~76, 78, 79, 86, 87
共通語敬語発達地域　144
京都　11~13, 21, 37~44, 46, 47, 49, 51, 58, 61, 63, 64, 67, 70, 71, 73, 76, 78, 80, 82, 84~86, 94, 101, 107, 112~114, 117, 136, 137, 139~142, 146, 148, 149, 152~154, 156, 157, 160, 161

く

クウ系　61, 64, 84, 85
クダサル　68
熊本　11~13, 21, 37~44, 46, 47, 49, 51, 58, 63, 64, 67, 70, 71, 76, 80, 82, 84~86, 107, 114, 117, 134, 136, 137, 139~142, 144, 146, 148, 149, 152~154, 156~158, 160, 161
組み合わせパターン　35~37, 49, 51, 52
来ると言っていました　150, 159
グループ調査　15

け

敬意低減の法則　116
敬意表現　1, 2, 8, 9, 11
敬語　1, 2, 8~12, 14, 15, 17, 19, 116, 128~130, 133~136, 139, 142~145, 147, 148, 150, 151, 153, 158~163
敬語教育　162
敬語習得　15, 134
敬語のゆれ　135
敬語変種　144
軽重　84, 87
決意の度合い　83, 87
結構ダ類　102

謙虚さ　80, 86
言語行動　1~11, 16~20, 22, 24, 30, 35, 49, 52~55, 83, 89, 90, 111, 114
言語行動意識　6~8, 17
言語行動の構成要素　3~5
言語生活　3, 75, 86, 129, 161
言語能力　163
言語レパートリー　161
謙譲語　1, 8, 133, 139, 141, 145~148, 151~153, 155, 160, 161
現状認識　7
謙遜　14, 16, 56, 57, 74, 79, 91
謙遜表現　55~57, 60, 61, 74~83, 86, 87
現代社会における敬意表現　9

こ

口語性　63, 84
口語的　60, 84
高壮年　19, 21, 24, 27~37, 51, 52, 58, 60, 61, 63, 64, 67, 70, 71, 73, 76, 78, 80, 82, 85, 86, 94, 100, 106, 109, 112~114
肯定的評価　60, 80, 81, 86, 111
高文脈性　115, 131
国語審議会　9, 135, 150
国語に関する世論調査　119, 135~137, 139, 140, 142, 144~146, 148, 151, 152, 154, 156, 158
ゴチソーニナル系　55, 61, 64, 84, 85
事柄の重大さ　83, 87
断り　10, 55, 89, 90, 112, 122
断りの述部　91, 112
断ワル型　103, 104
コトワル類　103
コミュニケーション　2, 9, 116, 121, 131, 133, 134, 162, 163
コミュニケーション機能　22~24, 28~30, 37, 40~44, 52, 53

185

索 引

コメント 16, 17, 57, 60, 82, 83, 86, 90, 92, 93, 97, 102, 110~112, 114, 120, 121, 126
ゴメン類 93, 112
誤用例 133, 135, 162
娯楽機能 128
ご利用できません 135, 145, 146
これからの敬語 150

さ

サシアゲル 68
させていただきます 6, 56, 150, 155, 156
〜させていただく 133, 155, 156, 161
誘い 97, 98, 113

し

志向性 7, 122
〜シタクナイ類 103
親しさ 83, 84, 87, 130
〜してあげる 151
社会規範 7
若年 2, 12, 13, 15, 16, 18, 19, 21, 24, 27~37, 51~53, 58, 60, 61, 63, 64, 67, 70, 71, 73, 76, 78, 80, 83~86, 88, 94, 100, 106, 109, 112~114, 117, 123~127
受恵表現 55, 67~71, 85, 86
授恵表現 55, 67, 68, 70, 71, 85, 86, 88
授受表現 55~57, 59~61, 66~74, 85, 87
授受表現あり 71, 73
授受表現なし 71, 73
受諾 10, 55~62, 64~68, 71, 73, 74, 79, 82~88
受諾場面 56, 57, 88
受諾明示表現なし 59, 60, 61, 64
受諾を明示する述部の表現 57, 58
準備状況 84, 87
使用意識 1, 15, 121

商業敬語 148, 149, 161
上下関係 68, 69, 83, 87, 150, 151, 153, 158, 162
承諾明示表現 79
食事受諾 55~61, 64~68, 73~76, 78, 79, 83~87
食事勧めの断り 89, 92, 93, 95, 97~99, 101, 103~106, 112~114
食事の勧め 90, 91
女性語 121
親コミュニケーション志向 131
信念 7
新ぼかし表現 115~118, 120, 122, 126~128, 130, 131
親和機能 128

す

勧めに対する断り 10, 89, 90
勧めに対する受諾 10, 55~57
スミマセン類 93, 112
スル系 55, 60, 61, 63, 64, 84

せ

西高東低の傾向 76, 86
正用 131, 141, 142, 148, 160, 161
世代差 10, 19, 24, 27, 30, 31, 37, 51~54, 127, 151
絶対敬語 129, 162
仙台 11~13, 21, 37~47, 49, 51, 53, 58, 64, 67, 71, 76, 80, 82, 85, 86, 106, 109, 114, 117, 136, 137, 139, 140, 142, 144, 146, 148, 149, 152, 154, 156, 157, 160

そ

相対敬語 129, 153, 162
尊敬語 1, 8, 133, 136, 138, 139, 141~145, 147, 148, 151, 154, 156, 158~161

186

た

待遇表現　2, 8〜10, 53
対称詞　115
対人関係　19, 20, 52, 56, 133, 134, 150, 160, 162
タベル系　61, 64, 84, 85
タメ口化　130, 131

ち

地域差　10, 19, 21, 37, 38, 41, 43〜45, 49, 51〜54, 60, 63, 64, 94, 106, 109, 133, 136〜149, 151, 153, 155, 157〜160
中立的評価　80
チョーダイスル　61

つ

使い過ぎの誤り　136, 139
使い分け　1, 9, 15, 19, 51, 57, 82〜84, 86, 87, 120, 133, 147, 153, 161
使い分け意識　82, 86, 120, 122, 125, 127, 128
「包む」文化　125

て

(〜テ)アゲル　66
低姿勢　56, 57, 74, 75, 86
〜テイタダキマス　59
(〜テ)イタダク　66
丁寧語　1, 8, 60, 156, 158
丁寧さ　15, 27, 115, 116, 122, 123, 126, 127, 130, 131
低文体性　63, 84
適切性　15, 133, 134, 150, 155, 160
デキナイ類　103
(〜テ)モラウ　66
(〜テ)ヤル　66

と

東京　11〜13, 21, 37〜44, 46, 47, 49, 51, 53, 58, 64, 67, 70, 71, 76, 80, 82, 85, 86, 94, 101, 107, 109, 112〜114, 117, 119, 136, 137, 139, 140, 142, 144〜146, 148, 149, 152, 154, 156, 157, 160
同属意識　126

に

二重尊敬　136〜139, 160

ね

年齢層　11〜13, 17, 53, 58, 61〜65, 67, 69〜73, 76〜78, 80, 81, 83, 94, 100, 105, 106, 109, 111〜114, 124, 125, 154

は

配慮　1〜10, 19, 20, 23, 24, 28〜33, 40〜44, 46, 47, 51〜56, 61, 67, 68, 75, 84〜90, 92, 93, 95, 96, 98, 99, 102, 110〜115, 120, 122, 123, 126, 130, 133, 134, 143, 159
働きかけ　1, 2, 10, 16, 19〜22, 24, 29, 44, 45, 49, 51〜53
場面　1〜3, 5〜12, 15〜22, 24, 25, 27〜45, 47〜49, 51〜53, 55〜58, 60, 61, 66〜68, 73, 75, 79, 82〜85, 87〜95, 97, 99, 100, 102, 105〜107, 111〜113, 115, 116, 122, 123, 125〜127, 131, 133, 134, 143, 145, 146, 150, 153, 155, 160〜163
パラ言語　54, 114
判断基準　3, 4, 6〜10

ひ

美化語的用法　133, 151〜153, 161
引キ受ケラレナイ類　103

索引

ヒキウケル系 60, 61, 63, 64, 84
低い文体 60, 84
非言語行動 54, 114
否定的評価 80, 81, 86
評価 3, 6, 7, 60, 61, 79~82, 86, 111, 120, 121, 128
評価意識 90, 107, 114
表現の使い分けの基準 83

ふ

不可能ダ型 103, 104
複数回答 17, 120

へ

へりくだった姿勢 71
へりくだる 2, 88

ほ

方言敬語簡素地域 144, 145, 152, 153, 158, 160, 161
方言敬語発達地域 144
方策 20, 24, 34, 53
ぼかし表現 10, 115~118, 120~123, 125~128, 130, 131
補助動詞 55, 57, 59, 60, 66~74, 85
ポストモダン社会 130
ポライトネス・ストラテジー 163
本動詞 55, 57, 59, 60, 62, 65, 66, 68, 73, 84, 85

み

身内尊敬用法 133, 150, 153, 154, 161

め

明示性 5, 63, 84
メタ言語行動表現 4~7
面接調査 1, 10~18, 20~22, 55~57, 79, 89~91, 98, 107, 117, 123, 125, 126

も

申される 133, 139~141, 160
モーシワケナイデス類 93
モーシワケナイ類 93
目的達成 20, 24, 29, 52, 53, 89, 96, 101, 113
モラウ 55, 61, 67~71, 85, 86

や

役員依頼 89~91, 107~110
役員依頼の断り 89, 92~97, 100~104, 107~114
役員受諾 55~57, 59~62, 66~72, 74~77, 79, 82~88
ヤラナイ類 103
ヤル 60, 63, 67, 68, 70, 71, 85, 86
ヤル系 55, 60, 61, 63, 64, 84

よ

ヨバレル系 61, 64, 85

ら

ラポート・トーク 121, 122

り

理由説明 15, 89, 91, 95~100, 102, 112, 113

れ

レポート・トーク 121, 122

わ

わきまえ方式 129
詫び 15, 20, 87, 89, 91~95, 97, 99~101, 112

後　記

　本研究を進めるにあたっては，多くの方々に様々な形でお世話になった。
　まず，直接の回答者となってくださった方々に御礼を申し上げる。
　京都市における探索的な調査では，京都橘女子大学教授・寺島浩子氏(所属は当時，以下も同様)と同志社大学教授・玉村文郎氏に，回答者の紹介でお世話になった。寺島氏より御紹介いただいた市田貞次郎氏には，私たちの最初の回答者としていろいろ御教示いただくとともに，その後も回答者を御紹介いただくなどお世話になった。
　全国各地で試行調査・本調査を進めるにあたっては，仙台市・京都市・熊本市・弘前市・岡崎市の老人クラブ連合会に，高年層の回答者の紹介や調査会場の提供等でお世話になった。また，同様に壮年層の調査では，仙台市・熊本市の青年会議所にもお世話になった。
　若年層(高校生)に対する調査では，受け入れ校として，宮城県富谷高等学校・同第一女子高等学校，東京都立城東高等学校・同八潮高等学校，京都府立鴨沂高等学校，熊本県立熊本高等学校にお世話になった。また，東京都と京都府で調査を実施するにあたっては，対象校の紹介で，東京都高等学校国語教育研究会・京都府教育庁指導部高等学校課の御高配を得た。
　竹田晃子氏(東北大学大学院生)・大橋純一氏(同)，村上敬一氏(大阪大学大学院生)には調査員として御協力いただいた。
　データ整備の段階では，録音の文字化・コンピュータへの入力作業等で，福富潤子・森裕紀子・波多野円・高橋香・裵秀榮(ペスヨン)・外山綾子の各氏の助力を得た。
　分析を進める段階では，敬意表現に詳しい早稲田大学大学院教授・蒲谷宏氏より，データ分析の観点等について貴重なコメントをいただいた。
　以上に記すことができなかった多くの方々からも，直接・間接にお世話になっている。この場を借りて改めて心から御礼を申し上げる。
　なお，本書の刊行にあたっては，研究所内に刊行物検討委員会が設置され，委員である相澤正夫(研究開発部門長・委員長)，井上優(日本語教育部門)，斎藤達哉(情報資料部門)より内容と表現に関するコメントを得た。

編集担当者：尾崎喜光・熊谷智子

執筆者一覧（50音順）

尾崎喜光（おざき・よしみつ）
　　国立国語研究所研究開発部門・主任研究員(1, 2, 4, 5章)

熊谷智子（くまがい・ともこ）
　　国立国語研究所研究開発部門・主任研究員(2, 3章)

篠崎晃一（しのざき・こういち）
　　東京女子大学現代文化学部・教授(3章)

陣内正敬（じんのうち・まさたか）
　　関西学院大学総合政策学部・教授(6章)

杉戸清樹（すぎと・せいじゅ）
　　国立国語研究所・所長(1, 2章)

塚田実知代（つかだ・みちよ）
　　国立国語研究所情報資料部門・研究員(2章)

吉岡泰夫（よしおか・やすお）
　　国立国語研究所研究開発部門・上席研究員(7章)

　　　　　　　　○所属機関・職階等は、いずれも執筆当時のものです。

装丁／庄子結香　　印刷／藤原印刷

言語行動における「配慮」の諸相
"Consideration" in Linguistic Behaviors

発行	2006年3月15日（第1刷発行） 2013年12月27日（第4刷発行）
著作	独立行政法人　国立国語研究所 〒190-8561　東京都立川市緑町10-2 TEL: 042-540-4300（代表）　FAX: 042-540-4333 http://www.kokken.go.jp
発行所	株式会社　くろしお出版 〒112-0002　東京都文京区小石川3-16-5 TEL: 03-5684-3389　FAX: 03-5684-4762 http://www.9640.jp/ E-mail: kurosio@9640.jp

〈平 17-13〉

ISBN978-4-87424-338-1　C3081

●乱丁・落丁はおとりかえいたします。本書の無断転載・複製を禁じます。